四特 教育系列丛书 SITEJIAOYUXILIECONGSHU

故事里的教育智慧

《“四特”教育系列丛书》编委会 编著

吉林出版集团股份有限公司
全国百佳图书出版单位

图书在版编目（CIP）数据

故事里的教育智慧／《“四特”教育系列丛书》编委会编著．—长春：吉林出版集团股份有限公司，2012.4

（“四特”教育系列丛书／庄文中等主编．在故事中升华经典）

ISBN 978-7-5463-8667-6

Ⅰ．①故…　Ⅱ．①四…　Ⅲ．①中小学教育－通俗读物
Ⅳ．① G63-49

中国版本图书馆 CIP 数据核字（2012）第 044136 号

故事里的教育智慧
GUSHI LI DE JIAOYU ZHIHUI

出 版 人　吴　强
责任编辑　朱子玉　杨　帆
开　　本　690mm × 960mm　1/16
字　　数　250 千字
印　　张　13
版　　次　2012 年 4 月第 1 版
印　　次　2023 年 2 月第 3 次印刷

出　　版　吉林出版集团股份有限公司
发　　行　吉林音像出版社有限责任公司
地　　址　长春市南关区福祉大路 5788 号
电　　话　0431-81629667
印　　刷　三河市燕春印务有限公司

ISBN 978-7-5463-8667-6　　　　定价：39.80 元

前言

学校教育是个人一生中所受教育的最重要组成部分，个人在学校里接受计划性的指导，系统地学习文化知识、社会规范、道德准则和价值观念。学校教育从某种意义上讲，决定着个人社会化的水平和性质，是个体社会化的重要基地。知识经济时代要求社会尊师重教，学校教育越来越受重视，在社会中起到举足轻重的作用。

“四特教育系列丛书”以“特定对象、特别对待、特殊方法、特例分析”为宗旨，立足学校教育与管理，理论结合实践，集多位教育界专家、学者，以及一线校长、教师的教育成果与经验于一体，围绕困扰学校、领导、教师、学生的教育难题，集思广益，多方借鉴，力求全面彻底解决。

本辑为“四特教育系列丛书”之《在故事中升华经典》。

这是一部写给教师的书，因为故事中蕴含着慈爱、和谐、人性的教育方式；这也是一部写给学生的书，因为故事中洒满教师对学生的温暖、感动、爱意、执着、顽强与刚毅……

教育是一门科学，也是一门艺术，是塑造人心智的高超艺术。对于教育人人都有自己的看法，而这本书中的观点能给人以启示。本书还汇集了众多著名教育学家、知名教师的经典教育理论，共同领略著名专家的学术研究风范，引领我们进入教改理论与实践前沿，分享最新研究成果，把握创新教学理念脉搏，感悟前瞻性的教学思想。

教育，润物无声，是一种智慧、一种境界、一种追求。教育的这种智慧，这种境界，这种追求，虽然无声无形，但却有踪迹可循。在教育实践中，那一个个平凡却并不平淡的片段，或呈现出教师解决问题的教育智慧；或记录着教师走出困惑的教学经历；或展现出教师奉献爱心的热忱。回顾那一个又一个生动的教育实践，既是一个沉淀的过程，也是一个升华的过程。

本辑共20分册，具体内容如下。

1.《师生情难忘》

如果我们的人生有一段华美的乐章，那一定来自老师教给我们的7个音符！一天天，一年年，我们在校园里茁壮成长。从懵懂孩童到青春飞扬，然后进入社会大舞台搏击人生。老师谆谆教诲的深情，是我们前行的灯火，给我们温暖、力量和信念……本书选录了100篇发生在师生之间的真情故事。这些平凡而真切的故事，让我们感动，让我们沉思，让我们回忆，让我们心怀敬意和感激……

2.《记忆深处》

翩翩红叶，徐徐飘落，总不忘留给土地柔软与肥沃；涓涓泉水，潺潺流淌，总不忘带给岸边甘甜与欢歌。享受“师生”情，奉献真诚心！让我们把握这份情，让心灵浸润在肥沃的土壤，开出绚烂的花朵；让我们紧守这份爱，让生命谱写圣洁的乐曲，唱出青春的赞歌。

在坎坷的人生道路上，是谁为我们点燃了一盏最明亮的灯；在荆棘的人生旅途中，是谁甘做引路人为我们指明前进的方向……是您，老师，把雨露洒遍大地，把幼苗辛勤哺育！无论记忆多么久远，每当想起老师，依然激情难耐；每当面对熟悉的老师，那一瞬间，那一件小事……总是激起我们对老师久蓄于心的感激……

3.《成长足迹》

这是发生在校园里的平凡而又感人至深的师生故事。因为爱，所以在教育的天空下，才会发生这么多感人的故事，这些也是对教育生命的审问、感怀和确认。这是一部写给教师的书，因为故事中蕴含着慈爱、和谐、人性的教育方式；这也是一部写给学生的书，因为故事中洒满教师对学生的温暖、感动、爱意、执着、顽强与刚毅……

4.《悸动的心灵》

追忆往事并不是轻而易举的事情，在漫长的教育生涯中发现自己最难忘的某一个瞬间，其实也就像重新获得一种生存的意义一样美妙。这些教育故事也许并不是教育的解决之道，但却是对教育生命的审问、感怀和确认。也许我们更应该在教育中活出自己，也许我们既活在未来更活在无限的过去，在这些纷繁复杂却又朴素平凡的场景中，有最乐意的付出，有泪水和智慧，更有日日夜夜用心抒写因而温润无比的爱。

5.《春暖花开》

教育是一门科学，更是一门艺术。执著并献身于教育，不仅需要大步向前，也需要回头反思。回顾那一个又一个生动的教育实践，既是一个沉淀的过程，也是一个升华的过程。走进本书，这里全是暖暖的爱。

6.《孩子的微笑》

教育，润物无声，是一种智慧、一种境界、一种追求。教育的这种智慧，这种境界，这种追求，虽然无声无形，但却有踪迹可循。在教育实践中，那一个个平凡却并不平淡的片段，或呈现出教师解决问题的教育智慧；或记录着教师走出困惑的教学经历；或展现出教师奉献爱心的热忱。

7.《故事里的教育智慧》

本书主要关注家庭教育、学校教育及社会教育中家长与孩子、教师与孩子、孩子与孩子之间的故事，它的特色是小故事蕴含大道理。其宗旨是：讲述真实的教育故事，研究深切的教育问题，创生新锐的教育思想，激活精彩的教育行动。其风格是：直面真实、创新为本和故事题裁。

8.《难忘的教育经典故事》

根据家长、教师和孩子的困惑，用各种形式的教育故事讲述一些深刻的道理，引导人们用智慧的手段促进自身的成长。这些故事或来自国外或来自一线教学实践，对于教育类人群均具有启发性。一个个使教师深思的小故事，一个个让学生向善的小故事，让教师真正领会生命教育的内涵。从现在开始关注生命的成长，关注人类的发展，关注社会的进步。

9.《中国教育名家印记》

在人类文明的进程中，数不清的教育大家，手擎着大旗，浓书着历史，描绘着蓝图，才有了今日教育的巨大进步。他们站在教育的殿堂里，发出的宏音、留下的足印，历史永远都不应该忘记，也不会忘记。

本书编者放眼中国教育进程，遴选出对教育产生重大影响的国内近百位教育名家，对其生平、教育思想、学术成果等进行介绍评说。

10.《外国教育名家小传》

在人类文明的进程中，数不清的教育大家，手擎着大旗，浓书着历史，描绘着蓝图，才有了今日教育的巨大进步。他们站在教育的殿堂里，发出的宏音、留下的足印，历史永远都不应该忘记，也不会忘记。

本书编者放眼人类教育进程，遴选出对教育产生重大影响的近百位世界教育名家，对其生平、教育思想、学术成果等进行介绍评说。

11.《随手写教育》

什么是良好的教育？教育是诗性的事业？性教育何去何从？是否应该把儿童世界还给儿童？假设陈景润晚生40年……本书汇聚了中国最佳教育随笔，对于和教育相关的各个方面问题都有所涉及，对教育者和被教育者来说都有所裨益。

12.《我心思教育》

本书涉及了教育学众多的重要领域和主题，包括教育的真义、教育的价值、教育与社会、教育与生活、课程与教学、道德教育、师生关系、教师的学习与成长等。它力图用感性的文字表达理性的思考，用诗意的语言描绘多彩的教育世界，以真挚的情感讴歌人类之爱，以满腔的热情高扬教育的理想与信念。

13.《教育新思维》

本书站在教育思想的前沿，以既解放思想又科学审慎的态度，兼用独特的视角，论述了近年的教育理论新说，涉及“教育呼唤‘以人为本’”“公民教育”“素质教育新解读”“教育公平与政府责任”“创新人才培养”“文化传承与创新”“教育家办学”等热门话题。这些文章，不避偏，不畏难，遵循教育发展规律和中小学生身心发展规律，引领教育理念和教育实践，反思教育行为误区，无不闪烁着思想和智慧的光芒。对渴望提升自身理论素养的教育工作者来说，这本书值得一读。

14.《名家名师谈教育》

本书使读者在学习和掌握教育理论的同时，领略文章的理趣、情趣和文趣，既有助于提高教师的文化底蕴，又有助于广大教师确立对于教育的理想与信念；既有助于培养和激发广大实践工作者的理论兴趣，又能帮助教师生成教育的智慧，提升广大读者对生活的热爱。

15.《世界眼光看教育》

本书荟萃了多位世界级教育思想巨擘的主要思想。从皮亚杰的发生认识论、维果茨基的文化一历史理论、布鲁纳的结构主义、加德纳的多元智能，一直到诺丁斯的关怀教育思想等，现当代世界教育思想的发展脉络清晰、准确而完整。

本书既有思想评介，又有论著摘录，无论教育研究人员还是一线教育工作者，均可非常便捷而精准地从中获得思想大师们的生动启迪，加深对当代教育发展特质的深切理解，是教育、教研、教学工作者不可多得的工具书。

16.《大师眼中的教育》

这不是一本以教育专家的身份、眼光、学养来谈教育的书。本书提供了许多新史实、新观点，为我国教育史和教育理论工作者长期以来对某些历史人物评价的思维定势提供了新的清醒剂。

17.《教育箴言》

名人名言是前人留给我们的精神财富和智慧结晶。阅读它，不仅能丰富知识，陶冶情操，更能为我们的人生之路指引方向。该书着重论述三方面的内容：教育——造福人类的千秋伟业；教师——人类灵魂工程师、育人的典范；师德——塑造教师灵魂的法宝。

18.《百家教育讲坛》

这是一本兼具思想性、可读性和经典价值的教育智慧读本。书中介绍了孔子、卢梭、爱因斯坦、康德、梁启超、杜威、蔡元培、叶圣陶等几十位古今中外思想家、科学家、教育家关于教育的精彩论述，集中回答了教育的本质、教学的艺术、知识之美、教师的职业生活、儿童的成长等问题。探幽析微，居高声远，让我们直窥教育本原之堂奥。返璞归真，正本清源，你会发现，教育，原来可以如此朴素而美好。

19.《名师真经》

本书从专家心理学研究出发，以新教师到专家教师这一成长过程为线索，剖析了教师在专业化发展中出现的主要问题与阶段性特征，动态展现了教师成长的内在原因与实质，并有针对性地提出了促进新教师成为专家教师的系列化教学理念、观点与方法，这有助于教育研究者与实践工作者深入理解教师专业发展的规律，有利于在观念层面上树立科学的教师人才观，以制订行之有效的教师培养方法与措施。

20.《师道尊严》

本书意在激励教师以站着的方式获得成功。全书讲述了站着成长的精神、站着成长的思想、站着成长的基础、站着成长的学问和站着成长的行动。全书力求字字诉说教师成长之心声，篇篇探寻教师优秀之根本，章章开启教师幸福之道路。

由于时间、经验的关系，本书在编写等方面，必定存在不足和错误之处，衷心希望各界读者、一线教师及教育界人士批评指正。

编者

目录 CONTENTS

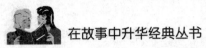

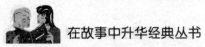

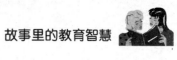

第一章

支撑生命的力量

孩子需要关怀

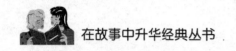

孩子是需要关怀与呵护的，父母应多腾出一些时间陪陪孩子，给孩子阳光，他们会感受到亲情的温暖，生活的幸福。

史密斯夫妇喜欢社交，在没有孩子之前，他们生活得自由自在，经常参加一些社交聚会。可是，自从有了小露西，他们的生活规律和生活方式便离他们所期望的样子越来越远了。露西已经 3 岁了，她总是缠着爸爸妈妈。

那天，史密斯夫妇应朋友的邀请去参加一次攀岩活动，这项活动已经被搁置了三年之久，原因就是孩子。

史密斯夫妇忙着准备东西，这一切都被小露西看在眼里，她意识到爸爸妈妈是要出门了，因此，跑到爸爸妈妈跟前叫喊着："我也要去！"

史密斯太太边整理需要带上的物品，边对女儿说："亲爱的，爸爸妈妈今天要去爬山，小孩子不能去，因为那里很危险，你乖乖地在家里跟玛丽小姐玩。"

也许是小露西对妈妈的话并不满意，或者是她根本没听清妈妈说的是什么，因为她想跟去，不管是出去干什么。

小露西抓着妈妈的衣服不松手："妈妈，请带我去！我要去！"

史密斯夫人忙蹲下来摸了摸女儿红扑扑的小脸蛋儿，耐心地说："不要这样，孩子，我们爱你！以后爸爸妈妈还会经常出门的。我们外出时，你就跟玛丽小姐在家里，不会有事的。等爸爸妈妈回来再陪你玩。"

"不嘛！带我去！"小露西大声喊叫着，眼泪已经开始在眼眶里打转。

史密斯太太叹了口气，看了史密斯先生一眼，史密斯先生摇了摇头，耸了耸肩，他们感到很无奈，因为每次出门都要面对这样的情形，实在是有些扫兴。

"快点吧！没有时间了。"史密斯先生提起旅行袋，大步迈出了大门。史密斯太太也感觉根本没有希望说服女儿，便强行挣脱了女儿的小手，也大步流星地走了出去，身后传来小露西"哇"的一声大哭。

一个小发卡

虽说生活离不开钱，但是钱在生活里毕竟不能决定一切。快乐永远不会是奢侈品。生活再苦，钱再少，也不要忘记给孩子快乐。

那一年，布朗先生失业了，家里买不起肉，一家人靠吃鱼市上卖剩的鱼杂碎维持生活。布朗先生的女儿玛莎经过商店时，透过橱窗看到了一枚带黄色塑料花的小发卡，这个小东西一下子让玛莎如痴如醉，她飞跑回家，央求她的妈妈布朗太太给她 10 美分。

布朗太太叹口气道："亲爱的，10 美分可以买到一磅鱼杂碎呢。"布朗先生听到了，走过来说："给她吧，10 美分就可以为孩子买到快乐，这种机会恐怕以后不会再有了。"

时光飞逝，小玛莎已经长成了大姑娘，家境也逐渐好了起来。她早已忘记了鱼杂碎的滋味，但是她说她却始终对当时得到发卡的欢乐记忆犹新。

平静的心态

孩子需要的是宽容，而不是训斥。多理解一下孩子吧，让他们体会到父母的关爱。

苏菲和妈妈吵嘴了，俩人都非常生气，她们都坐在沙发上沉默着。

大家都冷静下来后，妈妈先开口了："现在让我们好好谈谈吧。"

女儿看了母亲一眼，没有说话。

"刚才我们两个都太冲动了，知道我想对你说什么吗？"

"不知道。"苏菲情绪还是不太好。

"苏菲，对不起，刚才妈妈说的都是气话，我很抱歉，希望你不要往心里去。"

苏菲开始有些不知所措了，她没想到妈妈居然说出这些话来。她感到很局促，脸上一阵红一阵白。

“谢谢你可以谅解我，我希望我们能够永远这样平静地交谈。不过我们现存还是有分歧，对吧？”

“主要是由于你一连几天都未能完成家庭作业，老师对此事也很生气。可以补救吗？”

“是的，妈妈，我可以今天晚上抓紧点儿，把那些没有做完的作业都补上。”

“好的，补上作业还是比较好办到，不过，我想知道，你为什么不想做作业呢？苏菲，能告诉妈妈吗？”

就这样，母女俩开始你一句我一句地交流起来，再也听不见吵嘴声。

一位朋友

父母的包容是孩子心灵最后的港湾，最后的希望！

这是关于越战结束后一个士兵的故事。

越南战争结束以后，一个士兵打完仗回到国内，在旧金山给他的父母通了个电话，说他想带一位朋友到自己的家。他的父母很高兴地就答应了。后来，当他父母听说他的朋友是一个失去了一只胳膊和一条腿的残疾士兵而且急需人照顾时，他们又对儿子表示抱歉，但是他们答应给那位朋友另找一个可以养伤的住所。儿子坚持要让朋友跟自己一起住。这时父亲生气了，并严厉地说：“孩子，我不知道你在说些什么，你有没有想过这样一个残疾人将会给我们的生活带来多么沉重的负担。我们有自己的生活。我们不能因为这种事干扰我们的正常生活。我想你还是赶快自己回来吧，赶快把这个人给忘掉。他自己会找到活路的。”

就在这个时候，儿子挂上了电话。

从此以后，父母再也没有得到他们孩子的任何消息。几天过后，他们接到旧金山警察局打来的一个电话。他们被告知，他们的儿子从高楼上坠地身亡。经警察局认定是自杀。悲痛欲绝的父母乘飞机抵达旧金山，并被带到陈尸所辨认儿子的尸体，他们认出了儿子，但却惊愕地发现：他们的儿子只有一只胳膊和一条腿。此时，他们茫然了。

其实在很多时候，关心他人的不幸，就等于在为自己收藏幸福。不管对方是谁，多为对方着想吧，这不仅能够帮助别人，也对自己没有害处，甚至可以说对自己也大有好处。

母亲的珠宝

孩子是母亲最珍贵的珍宝，是母亲最引以为骄傲的珍宝。这种亲情是世界上其他任何东西所无法比拟的，它能够激励孩子不断取得进步。

在几百年前的罗马城，有两个孩子正在阳光下快乐地玩耍，他们的母亲走来对他们说："孩子们，今天会有一位非常富有的朋友要来我们家里做客，她还会向我们展示她名贵的珠宝。"

过了一段时间，那个朋友就来了。她手臂上的金环、手指上的戒指、脖子上的金项链，以及发髻上的珍珠饰品都在闪闪发光。

弟弟感叹地对哥哥说："她看起来如此高贵，我从未见过这么美的人。"

哥哥说："是的，我觉得也是！"

哥俩羡慕地看着客人，然后又看了看自己的母亲。母亲只穿了一件朴素的外套，身上没有佩戴任何饰品。但是母亲和善的笑容却照亮了她的脸庞，甚至胜过任何宝石的光芒。她那盘在头上的金棕色头发就像一顶皇冠。

"你们想看看我其他的珠宝吗？"富有的朋友问。

于是，她的仆人又拿来一个盒子并放到桌上。这位女士把盒子打开，里头成堆的珠宝让人眼花缭乱。红宝石像血一样红，蓝宝石像天一样蓝，翡翠像海一样碧绿，钻石像阳光一样耀眼。

兄弟俩呆呆地看着这些珠宝，心照不宣："如果我们的母亲能够拥有这些东西该多好！"

客人炫耀完自己的珠宝后，自满而又怜悯地说："康妮黎亚，你真的这么穷吗？真的什么珠宝都没有吗？"

康妮黎亚坦然地笑道："不，我当然有珠宝了，而且在我看来，我的珠宝比你的更贵重。"

客人睁大了眼睛："是吗？那就赶快拿出来让我看看吧！"

于是母亲就把两个男孩子拉到自己的身边，她微笑着说："这就是我的珠宝。难道他们不比你的珠宝更贵重吗？"

这两个男孩，特贝瑞斯和卡尔斯永远都不会忘记那时母亲脸上骄傲的神情以及深深的爱意。数年后，他们成了罗马伟大的政治家，但他们仍然会常常回忆起当年的这一幕。

呵护那一点点光

每个孩子的内心都是一块纯洁无瑕的画布，他们会用五彩的水笔在上面画出自己喜欢的图画，有成功之作却也不乏败笔之处。要懂得在孩子的缺点中发现那一点点优点，并用无微不至的圣洁的母爱呵护孩子生命中的那一点点不曾被扑灭的光。

3 岁的女儿看见一只在地面上爬来爬去的蚂蚁很好奇，妈妈温柔地说："你看小蚂蚁好乖，蚂蚁妈妈一定在家等它吃饭呢。"于是，女儿放弃了捏死一只蚂蚁的想法，静静地蹲在一旁看那只蚂蚁宝宝，直到它爬回自己的洞穴。

6 岁的女儿吃完零食把包装袋子随手乱扔。妈妈就给她讲了一个故事：有一个讲文明懂礼貌的小男孩很注意保持环境卫生。一次和妈妈逛街，小男孩跑向马路对面的垃圾桶去丢糖果纸。突然一辆车猛地开过来，小男孩像一片树叶一样从空中飘落下来，再也没能醒来。失去孩子的妈妈患上了精神疾病，每天都在那条路上捡垃圾。听说了这个故事的人们都被感动了，再也不乱扔垃圾了。那里成了一座永远干净美丽的城市。女儿抬起挂满泪水的小脸儿告诉妈妈："我再也不乱扔垃圾了。"

女儿已经上小学三年级了。老师找到母亲，说她女儿最近总是迟到。妈妈没有责怪女儿，只是温柔地问她迟到的原因。女儿说她发现湖边的日出景色太美了，看着看着就忘记时间了。第二天，母亲一早就带她去湖边看了日出。妈妈说："孩子，你发现了妈妈没有注意到的美丽景色，真是太好了！"这一天，女儿没有迟到。晚上，妈妈在女儿的书包旁放了一只粉色的小手表。

下面压着一张纸条：因为日出太美了，所以我们更要珍惜时间，好好学习，你说是吗？爱你的妈妈。

女儿上初中了。一天，班主任给妈妈打电话，说她的孩子有早恋的迹象！妈妈赶到学校和老师交换了意见。在家里，妈妈虽然心里很是烦乱，但是她什么都没说。

第二天早晨，女儿在她的枕头上，发现了一封信：孩子，每一个生命都是一棵等待开花的树，春季播种、发芽，小小的树干沐浴在夏季暖暖的阳光里，成长、成长，每一支根茎都在努力吸收大地的养分，每一片叶子都在努力长大，因为它们知道只有在夏天努力成长，秋天才会长出甜美的果实；如果在夏季不努力去吸收养分，反而想提早结果，长出来的果实不仅不合时令而且还会酸涩难吃……什么季节去做什么事情，这是大自然赋予我们的责任。

伟大的母爱

母爱是最伟大的，它能让孩子得到永恒的呵护。

学校要开家长会了，一名小男孩有些不安，虽然妈妈同意去参加，而且他的成绩也很好。但是他还是不安。原因是这样：他的老师和同学将会见到他的妈妈，这样会使他感到难堪。平心而论，妈妈长得很漂亮，如果她的右半边脸没有那片严重的伤疤的话。关于伤疤的事情，小男孩从来没有听妈妈说起过。他也没有问过。

家长会那天，并没有人在意他妈妈的疤痕；相反，大家都认为她有一种美丽、自然、和蔼的气质。尽管如此，小男孩还是感觉非常尴尬，他尽量避开众人，直到他无意间听到了妈妈跟老师的对话。

“你脸上的伤痕是怎么回事呢？”

母亲说：“噢，是这样的，在我儿子还很小的时候，突然有一天他的房间着火了。火势凶猛，没人敢进去救他，我是母亲，我顾不得什么，就冲了进去。我看见儿子无助地蜷缩在房间的一角。正在这时，一支横梁倒了下来，我迅速扑到儿子身上为他挡住火，然后我就失去了知觉。当我醒过来的时候，就已经躺在医院里了，脸也已经成了这样。”她摸着那侧烧伤的脸继续说，“这伤痕虽然会永远无法治愈，但是我从来都没有后悔过。”

听到这里，小男孩为自己以前的想法而惭愧，他跑到母亲身边，紧紧地抱住母亲，为母亲曾为他所做的牺牲感动不已。后来，在开家长会的过程中，小男孩一直紧紧握着母亲的手。

母亲的账单

父母用他们的一生来为孩子争取幸福，从来没想过要孩子怎么回报，这正是天下父母的伟大之处。

小托马斯是一个珠宝商人的儿子，没有功课的时候他总会到父亲的店里去转转。忙碌的爸爸为防止他在店里破坏东西，总会派给他一些简单的事情做，其中包括把一些账单送往邮局寄走。渐渐地，小托马斯觉着自己也成了一个小商人。

一次，他忽然想到自己总在家中帮父母干活，也应该开一张收款账单寄给父母向他们索取报酬。

这天，妈妈发现了餐桌旁的这份账单，上面写着：母亲应支付儿子托马斯如下款项：

饭后帮妈妈收拾碗筷 15 美分

为妈妈从干洗店取回衣服 10 美分

帮妈妈修剪草坪 15 美分

为他一直是个听话的好孩子 10 美分

共计：50 美分

小托马斯的母亲仔细地看了这份账单后，一言不发地把它收起来，继续干自己的活。

晚上，小托马斯在他的课桌上发现了妈妈付给他的 50 美分报酬。正在小托马斯高兴地盘算着自己拿这笔钱做什么时，却意外地发现桌子上还放着一份给他的账单。

他拿起账单读了起来：

小托马斯欠他的母亲如下款项：

为在她家里过的 12 年幸福生活 0 美分

为他在家中 12 年的吃喝 0 美分

为在他生病时的护理 0 美分

为他所受到的教育 0 美分

为他享有幸福的父爱和母爱 0 美分

共计：0 美分

读着读着小托马斯的脸变得通红，心中感到十分愧疚！左思右想之后，他怀着万分愧疚的心情走到妈妈面前搂住妈妈的脖子，将小脸蛋儿贴在妈妈的脸颊上亲吻了一下，轻声对妈妈说："对不起！"

美丽的红裙子

多创造与孩子在一起的时光，尽量与孩子共同完成一件作品，伟大的母爱能够温暖孩子那颗失落的心。

梅塞丝想要参加学校的舞蹈比赛，在路边的商店里有一条非常适合比赛时穿的红裙子，梅塞丝已经注意它很久了，几乎每天放学路过时她都会趴在橱窗的玻璃上对着那条裙子看半天。于是她找到母亲。

"很抱歉，孩子，我们没那么多钱。"母亲说道。

"可是没有红裙子，我就不能参加比赛！"听到母亲的话后，梅塞丝沮丧地说。因为她非常喜欢舞蹈，红裙子是这次舞蹈比赛的必备品，否则就不能上台表演。以至妈妈拒绝的话刚出口，难过就涌上了梅塞丝的心头。

"梅塞丝，你觉得我们自己亲手来缝制一条红裙子怎么样？"母亲说。

"自己做？"梅塞丝满心疑惑，但至少心里得到了一丝安慰。

"那我们现在就开始吧，离比赛的日子已经没有多少时间了。"母亲兴奋地说道。

于是，缝制红裙子的计划被立即付诸行动。母亲带着梅塞丝去逛了赖斯太太的布店、薇迪婶婶的饰品店……买来了做红裙子需要的红色绸缎、蕾丝花边、五彩的珠子和线。经过一个星期的忙碌，她们终于缝制出一条红裙子，梅塞丝可以穿上它参加学校的比赛了。但她心底始终有个疑惑挥之不去：她发现花在缝制红裙子上的钱，都已经可以买下橱窗里挂的那条红裙子了。

比赛的日子到了。梅塞丝怀着忐忑不安的心情来到了学校，身着自己缝制的红裙子的梅塞丝立刻引起了伙伴们的注意。有人问：“很合身，只是样子有点怪！自己做的吗？”梅塞丝不好意思地小声说，“是的，我妈妈和我一起缝制的。”

听到梅塞丝的回答，伙伴们脸上露出无比羡慕的神情并大声惊呼：“真的吗？真是自己做的？太棒了！”有的还失望地说：“我妈妈就从来不和我一起做这些事情。”

伙伴们的这些反应真是出乎梅塞丝的意料。羞愧顿时烟消云散，梅塞丝感到无比的自豪和幸福：“我有一个多么了不起的妈妈！她不惜浪费自己的时间和精力，只是为了让我美梦成真。”怀着兴奋和感激的心情，梅塞丝在舞台上的表现棒极了，最后她获得了比赛的一等奖。手捧奖杯站在舞台上时她看到母亲手捧一束鲜花站在人群中，正对她微笑。

很久以后，当梅塞丝和母亲在一次闲聊中谈到这件事的时候，母亲无比幸福地说：“当时我真的只想和你一起分享制作红裙子的快乐时光。在那些日子里，我们懂得了许多东西，不单是金钱或绸缎。”

“妈妈，谢谢你！我爱你！”梅塞丝轻声地说。

的确，母亲给了她金钱难以取代的感情和回忆。其他的孩子可能为拥有昂贵的舞裙而高兴，梅塞丝能为自己拥有母亲的关爱而感到骄傲。

那条和母亲一起缝制的红色舞裙一直被梅塞丝保存在衣柜里，因为那不是一条普通的裙子，那条裙子上挂满了妈妈给她的时间、关注和爱，这条裙子让她的心永怀感恩。

上帝的钟爱

在某些方面有缺陷的孩子都有颗脆弱的心，甚至还会把我们的帮助当作怜悯，只有鼓励他，让他认识到自己的价值，才能重树他对生活的信心，激发他前进的动力。

马丁从小双目失明，小的时候他还不知道失明意味着什么。当他长大后，他知道自己永远不能看这个美丽的世界一眼。

“上帝，我究竟犯了什么错，你要这样惩罚我？”马丁常常这么责问上帝：“我看不到小鸟在广袤的天空飞翔，看不到鲜花盛开树木生长，看不见任何颜色，眼前没有一点光明。这样的生活有什么意思，我还能干什么？”

他的亲人和朋友都来关怀他，照顾他。外出时，很多好心人见到他也都会不约而同地为他提供帮助。在公共汽车上，常常有人为他让座；过马路的时候，总会有人来搀扶他。这些关爱和帮助使马丁更加难过，因为他认为这是大家对一个残疾人的同情和怜悯。他不愿意一直这样被同情怜悯，因为这总能让他想到自己是个残疾人。

直到有一天，一句话改变了他对自己的看法。在教堂做祷告时，马丁又开始抱怨自己的不幸，这时亨利神父给他讲了一段话：“世上的每个人都是被上帝咬过一口的苹果，大大小小都是有缺陷的。有的人缺陷比较大，是因为上帝特别喜爱他的芬芳，忍不住多咬了一口。”

“我真的是上帝多咬过一口的苹果吗？我的芬芳真的吸引了上帝吗？”他问亨利神父。

“是的，上帝并没有抛弃你。但是上帝肯定不愿意看到他喜欢的苹果在悲观失望中度过他的一生。”亨利神父微笑着回答道。

“谢谢你，神父，你让我找到了自信和勇气。”马丁高兴地说。从此他把失明看作是上帝的特殊钟爱，开始振作起来，不久马丁成了当地一位德艺双馨的盲人推拿师，关于他的善良和技艺的故事至今还在流传。

上帝知道了这件事，笑道：“我很喜欢这个美丽而睿智的比喻。我从没有放弃过任何一个苹果。”

小男孩的梦想

哪怕是再弱小的生命，只要在爱的精心灌溉下，也会茁壮成长。

有个小男孩认为自己是世界上最不幸的人，因为脊髓灰质炎使他落下了腿部残疾，牙齿也变得参差不齐且突出。这个自卑的小男孩在学校经常遭到同学的嘲笑，没有人愿意和他一起游戏玩耍，同学们玩游戏时他也只能偷偷地站在角落里看。上课时他从不主动举手发言，对于老师的提问，他总是低着头一言不发。

转眼间，春天来了，小男孩的父亲从市场上买回来一些树苗分给孩子们，让他们每人选一棵栽在院子里。并对他们说，谁栽种的树苗长得最好，就会送给谁一件礼物。听到这些话，小男孩的兄妹们高兴得跳起来，摩拳擦掌、跃跃欲试，小男孩却沮丧地低下了头。看到兄妹们蹦蹦跳跳提水浇树的身影，他知道自己根本无法得到父亲的礼物。因此，在浇过两三次水后，他就再也没去管它了。

就在小男孩认为自己的树肯定干死了的时候，他却惊奇地发现它长出了不少新叶子，甚至比兄妹们种的树显得更嫩绿，更有生机。

小男孩因此得到了父亲买给他的礼物，并对他说，能把小树养得这么好，将来一定能成为一个出色的植物学家。父亲的这句话使小男孩有了自信，开始变得乐观开朗起来，课上他也会主动举手发言了。

一天晚上，小男孩躺在床上睡不着，忽然想起生物老师曾说过的话：植物一般都在晚上生长。那小树在晚上究竟是怎么生长的呢？对，为何不去观察一下自己的小树呢？当他轻轻地来到院子里时，却看见在明亮的月光下父亲正在向自己栽种的那棵树下泼洒着什么。他顿时明白了，自己栽种的小树苗之所以能长得这么好都是父亲的功劳！看着父亲忙碌的身影，小男孩不知不觉流出了幸福和感动的眼泪……

那个小男孩最终没有成为一名植物学家，但他却成了美国总统。他的名字叫富兰克林·罗斯福。

一把心锁

父母与孩子之间的地位是平等的，孩子也是独立的个体，也有隐私，谁也不应该侵入另一方的秘密生活。但是，很多时候，往往是父母在无意中破坏了这种平等，也在无意中自行扯断了与孩子之间的信任纽带。一旦失去了信任，沟通都成问题，更不要说教育了。

星期日一大早，彼得的儿子就出去找朋友游玩了。彼得来到儿子的房间，看到儿子的书桌一片狼藉，便过去整理。彼得准备把收拾好的东西放在抽屉里，结果打开抽屉后，他发现了一个笔记本。

彼得翻开一看，原来是儿子的日记。第一页上写道："自从上了初中，我就开始感觉孤独和空虚，父母只关心我的学习成绩，我厌烦了没完没了地写那些永远都写不完的该死的作业，我多么想出去和朋友们打打篮球，踢踢足球，好好地放松一下呀！"

彼得的心被震动了，他一直以为自己与儿子很交心，却没想到儿子与自己有这样的心理距离。

儿子在外面玩了一整天，直到黄昏才回到家。他进入自己的房间，不一会儿就跑出来，有些生气地说："谁动了我的东西？"

"没有啊。"彼得假装糊涂地说。

儿子见父亲这样，也就没再说什么，只是闷闷不乐地走开了。

几天后，彼得又趁儿子不在家的时候进入儿子的房间，他想了解儿子的内心，可是，却吃惊地发现抽屉上安了一把锁。

这时，彼得才意识到自己犯了一个很低级的错误。

晚饭时，彼得鼓足勇气对儿子说："爸爸犯了一个错误，能原谅爸爸吗？"

儿子沉默了片刻，冷淡地说："不就是偷看日记的事情嘛，我不想再提了。"

"那么，如果你肯原谅爸爸，就请把锁打开吧，不要把爸爸当贼防着。"

儿子一听，立马跑回房间，出来后把钥匙抛给彼得，并气呼呼地说："钥匙，给你，满意了吧？"

又过了几天，彼得又一次鬼使神差地进入儿子的房间，又习惯性地走向书桌，当看到抽屉上已经没有锁的时候，彼得一阵惊喜，他想儿子终于肯相信自己了。可是，结果令他大失所望，因为抽屉里已经没有日记本了。

一天晚饭的时候，儿子吃着饭突然说道："爸爸，你是不是很失落？"

"怎么这么说呢？"

"爸爸，您看不到我的日记了吧？因为我已经把日记本扔了，并发誓不会再写日记了。"

彼得半天没有说话，他意识到现在，就在儿子的心里，已经安上了一把锁。

孩子的想法

孩子在成长过程中能得到家人的关爱和教育至关重要，了解孩子、关爱孩子，只有这样，你才能够得到孩子的信任。

记得那年秋天的傍晚，我坐在路易斯安那州的那座职业选手体育馆里的正数第4排，正在看一场激烈的比赛。那天参赛的队伍是波士顿莱美队，还有迈阿密罗斯林队。我并没有专心看球赛，而是在看球赛的间隙，时不时地看坐在我前面的那对父子。那个儿子戴着罗斯林队的帽子，而他父亲戴的却是莱美队的。

那个男孩的一些言语惹他父亲不高兴了。这位父亲想故意气气儿子，便开始嘲笑罗斯林队。在父亲的嘲笑声中，罗斯林队在赛场上的表现越来越不如尽人意，看起来真要输了，男孩对父亲的嘲讽开始反击，言语尖锐、傲慢。

比赛快要结束时，那个男孩的情绪非常糟糕，说了些重话，使得他父亲满脸怒气地瞪着他。恼羞成怒的男孩并没有被父亲的目光吓住，他也用愤怒的眼神瞪着他父亲，愤怒使他涨红了脸，甚至已经让他无法控制自己的情绪，他对父亲大声吼道："我恨你！"他借此机会将内心的不满和懊恼一股脑儿地发泄了出来。然后他离开座位跑到露天看台去，不一会儿，他父亲也站起来，朝他走过去。

我看着他们，对父子俩都很同情，因为我对自己的爸爸曾经也那么做过。那时，我以为自己永远是个长不大的孩子，什么事都做不好。

在我初中一年级的暑假，我经常跟父亲吵架，而且吵得非常凶。那时我们一家人住在乡下，父亲是个医生，家里还有一个农场，养了一些牛和马。那年夏天，父亲决定要把牧场的围栏加长。于是，我们的矛盾就这样开始了。

我们坐在牧场边一棵树下。爸爸一边砍着柴，一边思考着。他指着大约300米远的那棵梧桐树说："从这儿到那儿，我们要把围栏建起来。可能需要打100个洞。每个洞都必须深3尺。"

我奇怪地问父亲："为什么不找几个专业工人来做呢？"

“不用。我们自己做还可以学到很多东西。”

父亲说话的方式让我很生气：“我们要把围栏建起来……”

“我们？”我感到很不平。

我非常敬佩父亲，即使生气的时候，也会记得尊敬爸爸。但是，那年夏天我的火气实在是太大了，动不动就会发脾气。有天晚上，我们一起去牛圈检查牛群，父亲看到农场池子东边的那棵桦树，树干呈叉字形。那棵树是我小时候经常躲避的地方。我会把自己的背靠坐在一边的树干上，然后把脚放在另一边树干上，然后坐在上面，不是看看天空，就是读读书。

“我记得你小时候，经常爬上那棵树，把自己挤进树的枝杈里。”爸爸说，“你现在挤不进去了。”

听他这么说，我吃了一惊，不满地说：“这和你有什么关系？”说完，跑到仓库的一个角落里，背对墙蹲下，很努力地不让自己哭出来。没过多久，父亲打开仓库门跟进来。过了很久，父亲才开口说话，“帮自己的家人看病，不是个好主意，”他说，“可是我想现在有必要为你看看病。”父亲温柔地看着我说：“嗯……你和平常不太一样，现在你觉得身体不舒服。你的脑筋转得不是很快。你认为我是个傻瓜，觉得我说的都是错误的，甚至很可笑。你觉得我对你太严厉了。你觉得自己出生在这种无聊的家庭很不幸。”

我瞪大了眼睛，感到非常吃惊，不知道父亲为什么这么清楚我的想法。每次躺在床上的时候，我都会有这些乱七八糟的叛逆想法。

“你之所以会这么想，是因为你的身体已经开始产生变化了。你血液中的男性荷尔蒙增加了好多。而且，儿子，你知道吗，每个成熟的男人 14 岁的时候，都不一定能够正确地处理青春期的压力。但是你要学着去处理看看。青春期的你，声音会变低沉，肌肉会变强壮，体毛会长多。在你还没来得及察觉之前，你就长成了一个真正的男人，至少你的外表会让你看起来像个男人。但是，你的内在与心智能不能成熟，那是另一回事。现在你认为别人误会了你，也认为自己办不到。”

父亲说得很对。过去几个月以来，我一直觉得身边没有人能够真正了解自己。于是我变得性情急躁，很容易生气，经常没有理由就很难过。因此，感到自己很孤独，无法思考。

“所以，”爸爸后来继续说，“现在能帮你的，就只有工作。”

牙刷的位置

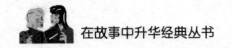

让孩子从小就养成良好的习惯，当孩子有了不良习惯，但是经我们指出改正后，一定要及时予以肯定。

在洗手间里，妈妈看见儿子杰克把牙刷扔在漱口杯外面。

妈妈非常生气地对杰克说："杰克，你的坏习惯怎么总不改呢。每次刷完牙就把牙刷扔在杯子外面。我不是告诉过你牙刷用后要放到杯子里吗？"

杰克正在玩游戏，听见妈妈的话心不在焉地回答："知道了。"

见儿子对自己的告诫反应冷淡，知道刚才说的话并未引起他的重视，于是冲他喊道："听着，杰克，你现在就去把牙刷放进漱口杯里！"

杰克非常委屈地走进了洗手间，放好了牙刷，转身就走。

"用心记住，以后再也不要忘了。"妈妈再次强调。

"知道了。"

第二天，杰克刷完牙后，很认真地将牙刷放到杯子里，但母亲仿佛没看见似的，只字未提。到了第三天，牙刷又被扔到杯子外面了。

"喂，杰克，怎么搞的，你为什么又没把牙刷放回去？"妈妈生气地说道。

"我以为你忘记这件事情了。"杰克说道。

"这话是什么意思啊？"母亲疑惑地望着儿子。

"因为昨天我把牙刷放在杯子里了，而你却什么也没有说！"

遗　嘱

人们需要快乐，就像需要衣服一样。父母应当让孩子学会自己追求快乐，体会快乐的生活。

一位富商病危了，看到窗外的人民广场上有一群孩子正在捉蜻蜓，他就对他 4 个未成年的儿子说，你们也去那里给我捉几只蜻蜓来吧，我已经有很多年没见过蜻蜓了。

不一会儿，大儿子就带了一只蜻蜓回来。富商问儿子：“你怎么这么快就捉了一只呢？”大儿子说：“不是捉的，我用您送给我的遥控赛车换来的。”富商听后点点头。

然后就看到二儿子也回来了，他带回来了两只蜻蜓。富商问：“你这么快就捉了两只蜻蜓啊？”二儿子说：“不是我自己捉的，我把您送给我的遥控赛车租给了一位小朋友，他给了我3分钱，这两只蜻蜓是我用两分钱向一个有蜻蜓的小朋友买来的。爸爸您看，我这里还多出来了1分钱呢。”富商听后微笑着点点头。

紧接着，老三也跑回来了，这次，他带回来10只蜻蜓。富商问：“你怎么捉了这么多的蜻蜓呢？”三儿子答道：“这不是我自己捉的，爸爸。我把您送给我的遥控赛车放在广场上，谁想玩赛车只要交1只蜻蜓就可以了。我怕您着急，就赶忙回来了，不然我至少可以收18只蜻蜓呢。”富商微笑着拍了拍三儿子的头。

最后到来的是那个最小的孩子。只见他满头大汗，却两手空空，而且他的衣服上还沾满了尘土。富商问：“我的孩子，你这是怎么了？”四儿子遗憾地说：“对不起，爸爸。我捉了半天蜻蜓，却没有捉到一只，那些蜻蜓好可爱啊，它们飞得那么高，我蹦起来都捉不到它们。不过，有好几次我都差点儿抓住了！”小儿子讲得眉飞色舞，似乎还沉浸在抓蜻蜓的快乐中。富商看着小儿子的样子笑了，笑得满眼是泪，他和蔼地抚摸着小儿子挂满汗珠的脸蛋儿，然后把他搂在怀里。

几天后，富商死了。而他的孩子们在他的床头发现了一张小纸条，上面写着：我的孩子们，其实爸爸并不需要蜻蜓，爸爸需要的只是你们捉蜻蜓的乐趣。

每个人都渴望得到快乐，也在千方百计地寻找快乐。然而，快乐究竟是什么？其实，快乐就是我们在做一切事情的过程中所感受的喜悦。结果并不重要，只要在过程中感受到无比的快乐就足够了。

被抛弃的孩子

对于孩子说的每一句话，父母都要用心去揣摩，只有这样，父母才能够跟孩子贴得更近。

罗伯特先生正在看书，小马克跑来问道："爸爸，能告诉我，在我们这个地区，每天有多少孩子被抛弃吗？"

听到儿子的提问，罗伯特先生非常高兴，他为儿子对这样的社会问题如此关心而高兴，于是他赶忙放下手中的书，让儿子坐在沙发上，耐心地给他讲了这方面的问题，并查了很多数据。可是，小马克并不满意，他继续问："在纽约，每天有多少孩子被抛弃？整个美国呢？全世界呢？"

对于儿子这样的提问，罗伯特先生开始感到有些奇怪了。他想了想，终于明白儿子的意思了。其实，儿子是在关心他个人的问题，而不是社会问题。儿子问这些问题并非出于对那些被抛弃的孩子的同情，也不是真正想得到这个具体的数据，他只不过是担心自己是否有一天也会被父母抛弃。

于是，罗伯特先生认为有必要非常认真地回答孩子这个问题，于是他仔细想了一下，才说："小伙子，你是在担心我们会像其他父母那样抛弃自己的孩子吗？我保证我们决不会那样做，请你相信我们。"

看着爸爸严肃的表情，听着爸爸认真的口气，小马克终于安下心来。他笑着向爸爸说了声谢谢，然后兴高采烈地出去了。

一小时的时间

应该多花一点儿时间来陪伴你的孩子，而不要让时间从手指间轻易溜走，在不经意之间忽略了人间最珍贵的亲情。

父亲下班回到家时已经很晚了，他工作压力大，心里很烦，他想休息一下，可是他发现自己6岁的儿子靠在门旁等他。

"爸爸，可以问你一个问题吗？"

"问吧。"

"爸爸一小时可以赚多少钱？"

"怎么问这个？"父亲问道。

"我只是想知道，请告诉我吧，爸爸。"儿子哀求道。

"我一小时赚20美金，有什么问题吗？"父亲没好气地说。

"哦，"孩子低下了头，接着又说，"爸爸，可以借给我10美金吗？"

父亲开始生气了："别总拿钱去买那些毫无意义的玩具，回你房间睡觉去。我每天都在辛苦地工作，你一个小孩子根本无法体会。"

孩子安静地回到了自己的房间并把门关上，父亲还坐在客厅里生气。过了一会儿，他心里平静了下来，感到刚才对孩子实在是太凶了。心想："或许孩子真的很想买什么东西，再说他平时很少要钱。"

于是父亲走进孩子的房间，发现孩子睁着眼睛躺在床上，他小心地问："睡了吗，孩子？"

"爸爸，我还醒着。"孩子回答。

"对不起，孩子，我刚才对你太凶了。"父亲边说边将钱递给孩子，"这是你要的10美金。"

"谢谢你，爸爸！"小孩欢叫着从枕头下面拿出一些被弄皱的钞票，慢慢地数着。

"你有钱为什么还要？"父亲又开始生气了，他不明白这孩子今天到底是怎么了。

"因为在这之前不够，但我现在够了。"孩子说，"爸爸，我现在有20美金了，我可不可以向你买一个小时的时间呢？明天请早点回家，我很想和你一起吃晚餐。可以吗，爸爸？"

美好的回忆

每个人都渴望被爱。我们可以做的最伟大的事情莫过于让别人知道他们能够爱并且被爱着。在交流中，无声的行动有时与话语一样重要，能起到交流的作用，更能够体现对孩子的爱和赏识。

儿子长大了，他和父亲坐在一起聊天，父亲问道："告诉爸爸你记忆中最美好的生活片断是什么？"

儿子毫不迟疑地说："是那个晚上，爸爸，那个时候我9岁，我参加完童子军聚会，您去接我回家。在回家的路上，我们一起欣赏沿途的夜景，您还停下车去给我捉萤火虫。"儿子的幸福洋溢在脸上。

“这么普通的事情？”父亲有些吃惊，“我已经不大记得了。怎么反倒成了你最美好的回忆了呢？”

“是这样的爸爸，当时我知道您非常忙，我根本不曾奢望您会停车，只不过还是忍不住说出了让您下车帮我捉萤火虫的要求。可是您却真的停下了车，去给我捉萤火虫了。”儿子一脸的兴奋。

其实，这的确是一件很普通的事情，但是儿子之所以始终认为这是他最美好的回忆，就是因为当天晚上，父亲的行动实际上就等于在对儿子说：“我爱你。”

这不禁让我们又想起这样一个故事，雷雨交加的夜晚，孩子害怕极了，他在黑暗中叫喊：“爸爸，快来啊，我很害怕。”爸爸也对孩子喊道：“别怕，我的孩子，上帝爱你，上帝会保护你。”孩子说：“爸爸，我知道上帝爱我，上帝会保佑我，可是爸爸，现在我需要的是一个摸得着的上帝。”

一件小事

在亲子关系中，作为强势群体的父母亲，若能在亲子冲突中多反思一下自己的责任，给孩子更多一点关爱，孩子也许就会更加体谅你的难处，更容易信赖你，从而也就更乐于接受你的教诲。

10岁的安德鲁正坐在靠近门边的书桌前写字。门铃响了，爸爸去开门，是汤姆叔叔。不知道有什么事情，汤姆叔叔并没有进门，俩人便在大门外交谈。

风把安德鲁的作业本吹得“啪啪”响，于是，他就跑去关门。他用力把门关上，却又被反弹了回来。这时，安德鲁听到了父亲尽力压抑却怎么都压不下去的叫喊声。

他看到父亲眼嘴鼻唇都扭曲了，甚至连头发都一根一根立了起来，而他的五根手指，则怪异地缠来拧去。看到安德鲁探出的头，他马上暴怒地扬起了手，想给安德鲁一记耳光。安德鲁意识到自己闯祸了，但是并不知道是闯了什么祸。

“小家伙，你怎么那么不小心呢，你爸爸的手刚才扶在门框上，你怎么看都不看就关门呢？”汤姆叔叔以责怪的口吻对安德鲁说。

安德鲁这才知道事情的经过，他看得出爸爸痛苦极了。他知道，这次肯定得被爸爸狠狠地打一顿了。

安德鲁想，那也没有办法，谁让自己犯了错误呢。尽管他做好了挨打的准备，可是依然很害怕，他一直忐忑不安地等着爸爸的巴掌或拳头，抑或是被妈妈骂。

然而，一直到吃过晚饭，都没有发生他所担心的事情。

直到该睡觉了，安德鲁还在等待着，他不知道爸爸为什么还不来。于是他悄悄地下床，走出自己的房间想探个究竟。他看到，爸爸的手指浮肿得厉害，妈妈正在为他涂抹药油。他听到爸爸说：“我当时实在痛得要命，差点就给那小子一个耳光，可是，还是没有打下去。因为我想了想，是我自己把手放在夹缝处的，错误在我，凭什么打他呢。”

安德鲁听到了，他悬着的心放下了，回到自己的房间，躺在床上，不知过了多久才睡着。

从此，安德鲁明白了一个道理：犯了错误必须自己承担后果，不可迁怒于他人，不可推卸责任，无论你是一个父亲、老板，还是领袖，即使你受到了伤害。这个道理让他一生受用无穷。

一对父子

孩子是很天真单纯的，他们追求快乐的方式往往是很简单的，只要父母多挤出点时间陪陪他们，他们就很容易满足，父母与子女的心灵沟通才是最重要的。

一天早上，我为了进入机场，搭上了一辆免费把客人从主隧道载往登机门的机场列车上。这辆列车每天都要这样好几个来回。但是好像没有人认为这是一桩很有趣的事情，然而，这天我却看到了快乐的事情。

在列车行进过程中，有一节车厢里，一个男人和一个孩子从车窗内伸出头来，望着前方的铁轨，并且还很兴奋地在谈着什么。这时，列车停了，一些人下了车，门关起来，又开始前进。那位父亲对儿子说：“快到了，抓紧我知道吗？”那男孩大概有六七岁的样子，一边高兴地说着什么，一边伸出手抓住了父亲的上衣。

“看那儿，”那父亲说，“注意到那个叔叔了吗？我想他的飞机一定要起飞了。”男孩说：“不是，我觉得他是给那开飞机的叔叔送东西，你看他手中好像是拿着什么东西似的。”

那父亲听后，大笑起来。

我下车之后，发现还有一些东西没有带，并且我的航班离起飞还有一段时间，有足够的时间回到主隧道的商店里买一些东西，所以我决定再回去。当我正准备再次登上列车去我的候机门时，我看到刚刚在列车上的那对父子也准备再次登上列车。我这才明白他们不是来坐飞机的，而只是来坐隧道地铁的。

“我们要回家了吗？”父亲问。

“我们再坐一次好不好。”

“你不累吗？妈妈在家做了好吃的等着咱们呢，否则回去就没有了，怎么办。”父亲调皮地看着儿子。

“可是这很好玩，我们再玩一会好不好？”男孩说。

“好吧！”于是父子俩再次登上这辆列车。

有些父母为了孩子高兴花再多的钱都乐意，买各种各样的玩具，衣服，甚至出去旅游，但是他们却没有意识到这也许并不是孩子想要的。纵使他们拥有亿万家财，但是他们的孩子是否有像这个男孩那样快乐的童年呢？如果没有，那么他们的财富对于他们自己和孩子又有什么意义呢？

这个早上，我明白了一个简单的道理，世界上最宝贵的并不是拥有很多财富，而是只要孩子和父母可以快乐地在一起生活，就是最幸福的事情。

做父母的人，无论你的工作多忙，事业多重要，都要尽量抽出时间陪陪自己的孩子，因为只有你的爱和关心，才是他们健康、快乐成长的关键。

甘地改过自新

对于犯错后有悔改之心的孩子，父母和老师都应当做到宽容和谅解，一味地批评和训斥可能只会给孩子内心造成更大的伤害。

甘地是印度独立的民族英雄，被印度人民尊称为“圣雄”，可是人们似乎不会想到，就是这样一个伟大的人物，小时候也有很多的缺点。

甘地出生在印度一个小藩王国的宰相家庭，他是家里最小的孩子，上面有三个哥哥和两个姐姐。甘地幼年时性格非常内向，从来不像别的孩子那样在父母面前撒娇，对父母的话言听计从。他对周围的一切事物都十分敏感，并且自尊心特别强，一旦被别人欺负，就会哭。在学校，老师只要一批评他，他就会感觉非常难受，更别说是体罚了，这会让他感到极度悲伤。

甘地的成长过程很曲折，并不是人们所想的那样一帆风顺。在少年时代，同很多孩子一样，他对烟产生了浓厚的兴趣。刚开始的时候，他只是觉得抽烟的样子很好玩，只是尝试性地抽上几口。慢慢地就抽上了瘾，以致到了戒不掉的地步。起初，他只是捡别人的烟头抽，后来，偷父母的钱买烟抽，并且到了无法自拔的地步。

甘地毕竟从小受到过良好的教育和熏陶。他渐渐认识到偷家长的钱买烟抽是一种非常可耻的行为。只要一想到这些，他就感觉非常难过。他非常后悔，曾经想到过自杀。

当他终于忍受不了这种烦恼与痛苦的时候，便把自己的整个堕落过程，写在一个笔记本上交给父亲。他很希望得到父亲的理解和宽容，并且决定以后一定要改掉以前的毛病，重新做人。

父亲知道了所有的真相以后，也很难过，但是并没有责备他，还被他的这种勇敢行为所感动，甘地非常自责，决定以后一定要好好做人。

从此以后，甘地彻底改掉了以前的缺点，积极努力，终于成了一位受人尊敬的政治领袖。

第一次打猎

每个父母都关心和爱护自己的孩子，但是更要懂得理解孩子，不能将自己的意愿强加到孩子身上，尤其是当孩子很有爱心地拒绝做某些事的时候，父母更应该高兴并且给予表扬。

这是贝克第一次跟随父亲出来打猎，他带着手套显得非常笨拙。两个人一起携手走进严冬的森林里，贝克也是第一次感觉到没有小窝棚的舒适、煤油炉的温暖、咸肉和咖啡的诱人气味是怎样的滋味。他们身处在呼出的气体立即变成白色蒸汽的冷空气里，眼前是一望无垠的沼泽、水面和天空。如果要是在平时他肯定要求拍下来，但是今天是个特别的日子。

父亲问道："准备好了吗，孩子？"贝克急忙点点头，并把枪捡起来。因为今天是他第一次打猎的日子，所以14岁的小贝克还是有一些紧张。

其实，贝克并不喜欢打猎。自从父亲给他买了猎枪，教他用靶子射击的时候，他就不喜欢。但是他非常爱他的父亲，虽然心里极其不情愿，他还是答应了父亲这次来海湾小岛打猎，因为他想要得到父亲的表扬，并且他很期望得到父亲的表扬。

来到面海的埋伏点，里面很窄，只放着一张长凳和一个弹药架。

父亲看着贝克说："装上子弹吧，准备着，它们可能会一下子就飞到你的头顶上。"父亲看儿子把枪扳开，装上子弹，把枪还原，这些步骤相当熟练，他也给自己的枪装上子弹，心情看起来很不错的样子，他说："我盼望今天已经很久了，就我们两个人，我让你先打。"

他突然不说话了，身子向前倾，然后说："有一小群大雁正往这边飞。低下头，到时我叫你。"

贝克把一切都看得清清楚楚：父亲紧张而热切的表情，他的眼睛时刻注视着那群即将飞来的大雁。贝克的心怦怦地跳，心里想：不要来，大雁都不要飞过来。

不过大雁并没有像他想的那样停止往这边飞，他听到空中雁翅振动的呼啸声。

父亲低声说："准备，来了。"

它们来了，昂着头，翅膀优雅地伸展成弓形，并且准备降到水面。来了，来了……

贝克的父亲大声喊道："好，打吧！"

贝克用一向训练时的姿势端着枪，俯身瞄准，准备射击。

这时，大雁群发现有人，已乘着气流，纷纷四散飞走，一下子飞得无影无踪。贝克想扣扳机，最终却没有动。

父亲问他为什么不打。贝克不敢看父亲的眼睛，也默不作声。贝克关上保险，把枪小心地放在角落里。“它们是活的，为什么要杀死它们。”说着便哭了起来。

父亲什么也没说，过了好一阵子，走到贝克身边，说：“又来了一只，试试看吧。”

贝克没有用手来接父亲递给他的东西，因为贝克实在是不愿意开枪打那些大雁。

“快点，来，不然它就飞了。”

贝克感觉父亲递过来的是一样硬东西，一看才知道不是枪，而是照相机。“快，它不会一直在那里停留的。”父亲说。

贝克的父亲大声拍手，惊得那群大雁抬头振翅飞去。“我拍到它了！”贝克高兴地喊着。

“小伙子很棒！”父亲拍拍贝克的肩膀。贝克发现他竟然得到了父亲的表扬。

“孩子，虽然我一直爱打猎，但你不一定要喜欢。有时候决定做一件事情或者不做一件事都需要勇气。”他停了一下说，“你可以教我照相吗？”

死去的蝴蝶

性格决定命运。所以，在孩子的成长过程中，父母应该注意培养孩子良好的性格，这样才能让孩子快乐健康地成长。

有一次，小塞德兹拿起网子来到了田野捉蝴蝶。各种颜色的蝴蝶在阳光下快乐地飞舞着，它们在阳光的照耀下，好看极了。

小塞德兹在田野中玩得很兴奋，拿着网子不停地挥动，可是每当捉到一只蝴蝶，他就会将它们放掉，他自得其乐地玩着。一次，他像往常一样举起手中的网，扑向蝴蝶，可是这次不一样的是蝴蝶在那儿一动不动。他小心翼翼地翻开网子。

当他把蝴蝶的翅膀小心翼翼地捏在手上的时候，发现蝴蝶已经死了。也许是塞德兹刚才无意中用杆子将它打死了。其实，这样的小事情在孩子身上是经常发生，他们根本就不会把它放在心上，但是对小塞德兹来说，却不一样。在那一刻，小塞德兹突然难过起来。他静静地坐在地上，一句话也不说，他认为都是自己不小心而杀死了那只漂亮的蝴蝶。于是在以后的日子里，他深深地感到内疚。

有一天，小塞德兹终于向父亲说出了这件让他感到内疚的事情。

“爸爸，我是一个坏孩子对吗？”他说，“我害死了一个生命，我是个罪人，一定会受到惩罚的。”

塞德兹安慰儿子说：“不，虽然那只蝴蝶是因你而死，但这也不全怪你，因为你不是有心的，你并没有要害死它，所以你不需要自责。”

小塞德兹还是非常伤心，因为他认为即使不是有意的，可是责任还是在他。

塞德兹为了能使儿子尽快地从痛苦中解脱，一直开导儿子：“可是，那只蝴蝶已经死了，你再难过也没有用了。我们没有能力让它重新活过来。”

“但那只蝴蝶是我亲手杀死的。”小塞德兹还是想不明白。

“但是，蝴蝶死了，这是一个事实，即使你再怎么自责也于事无补了，关键是要看你以后怎么做了。既然你认为你错了，那么你以后在处理问题的时候应该怎么办呢？要尽量地去关心小动物，爱护它们不就好了吗？”

“可是，我已经杀死了那只蝴蝶，它们会原谅我吗？”小塞德兹问道。

“只要你以后不再残忍地对待那些小动物，并用心去关心和保护它们，它们一定会原谅你的。”塞德兹回答道。

“真的可以吗？如果是那样，我一定会做到这一点的。”儿子高兴地蹦跳着。

第二天，他们又一起到田野中散步。这一次小塞德兹没有拿着网子扑蝴蝶。可是，当小塞德兹再次看见蝴蝶的时候，脸一下子又阴沉起来。

“儿子，你怎么啦？”塞德兹知道肯定是儿子又想到了蝴蝶的事情。

“我……我又想起了那只蝴蝶。”小塞德兹吞吞吐吐地说。

塞德兹摸了摸儿子的头，说：“其实，生活中有很多这样不愉快的事，但是不能让这种事情困扰我们一辈子，事情的结果不是我们愿意看到的。过去的事情还是应该让它过去，我们应该往前看。你看那些蝴蝶是多么的快乐，你也应该像那些蝴蝶一样快乐地生活，而不是天天去想一些不快乐的事情！”

最严重的伤害

对孩子最严重的伤害往往不是来自于身体和外界的，而是父母的一句无心却过激的话。没有不希望孩子好的父母，可是方式方法却未必正确，要想让孩子有一个积极健康的人生就要让他们看到自己的优点和光明的前程。将伤害减至为零，是为人父母应该重点学习的必修课！

情绪与情感对孩子的智力水平和智力活动有着至关重要的影响。所以，为人父母应该以真诚的爱去激发孩子美好的情感体验，使其潜在智能得以释放，从而使孩子能更积极、更健康地面对人生中的各种问题。否则，如果因为一件小事和小过错就对孩子横加指责，那么消极的情感体验就会随之而来，沮丧的情绪就会占据孩子的潜意识，从而出现消极、迟钝、注意力涣散、智力下降等不良表现，直接影响孩子的一生。

市场上，一个小男孩在陪父亲卖水果。一位顾客要了5斤苹果，父亲心血来潮想考考儿子，于是对儿子说：“一斤苹果0.7元，这里是5斤，你算算是多少？”

本来这道简单的算术题对小男孩而言十分简单，可是此时的他却突然变得十分紧张，并且局促不安。因为听到父亲要考儿子算术题，小男孩的四周顺势围过来一群好奇的顾客。原本羞涩的小男孩一下子变得不知所措，他慌乱地回答：“4元。”可是立刻发现父亲的目光变得严厉，于是又回答“3元”，“4.5元”……

可想而知，父亲的脸色越来越难看，最后忍无可忍，挥手就是一巴掌，恼羞成怒地对儿子吼道：“你怎么这么笨！书都白念了，以后也别指望会有好日子过了！”

小男孩羞愧难当，哭得十分伤心，他觉得自己不仅丢尽了颜面，而且人生也没什么可指望的了，父亲的一席话已经给他判了死刑。于是，第二天早上母亲喊他起床时发现了他的尸体，他喝农药结束了生命！

父亲再怎么痛苦懊悔都为时已晚，不理智的做法使儿子产生了偏激的想法，从而酿成大祸。

这是一个特殊的个案，不见得每个孩子都会这样，但是却不得不引起家长们的注意。孩子在成长的过程中最初的，也是最重要的榜样和模仿对象就是父母。父母的每个行为和所说的每句话都对孩子有着重要影响，尤其是他们年龄还小，尚未形成自己的人生观和价值观，在他们的眼里，父母的言行就是评判标准。家长的一句无心之言对孩子的影响可能是刻骨铭心的。孩子会朝着父母亲认为的方向去发展，如果父母眼中的自己是可塑之材，前途无可限量，那么他就会积极地朝着这个方向去迈进，反之亦然。

尊重你的孩子

尊严对一个人的重要性就是如此的重要，活得有尊严的人才会觉得人生有价值。想要让自己的孩子以后能够有尊严地成长，就要在他们还懵懂时就把尊严的种子种进他们心中，而这颗种子就是你的尊重。

每个人都希望获得别人的尊重，孩子更是如此。在孩提时期，人的自尊心是最强的。因为他们的世界最单纯，所以他们的内心最纯粹，容不下杂质，自尊的心理更是如此。同时，自尊心也是一种不甘落后的积极情感体验。父母要做的就是尊重孩子，不要让他们的自尊心受到伤害，同时更要保护和培养他们的自尊心。

曾经有一位父亲写了这样一篇文章：

如果我能再次养大我的孩子，我要首先帮助他树立自尊。

我会把用手指指责的时间拿来画图。

我会多一些沟通少一些教训。

我会将眼睛用来看成绩的次数用来看世界。

我会注意少一点责备，而去多一点关心。

我不再扮演严肃的角色，并且去和孩子做游戏。

我要跑到更广阔的原野看更多的星星。

多拥抱，少拉扯。

我会经常看长满果实的橡树。

我不再固执，但会更坚定。

我不再追求权力，而要努力去爱。

“自尊心是一种美德，是促使一个人不断向上发展的一种原动力。”这是英国著名作家毛姆说过的话，心灵的世界需要尊严的支撑。尊严能给人自信，更能改变命运。

20世纪，西方儿童启蒙大师蒙台梭利在一次上课时教孩子们如何擤鼻涕。

她给孩子们示范了各种使用手帕的方法，还教他们怎样做不会引起别人注意。她示范得非常认真而且仔细，并且好像真的让人察觉不到。孩子们也看得聚精会神，台下一点声音也没有。示范结束后，台下传来热烈而持久的掌声。

本来很平常的一节课却带来如此热烈的反响，蒙台梭利很快意识到这次课的特殊意义，因为它触及到了孩子们极其有限的社交敏感点。他们在这方面存在非常大的困难，经常因为处理不当而受到父母责备，而且这些话往往会深深刺伤他们的感情。可是却没有人去教他们究竟如何做才正确。更要命的是，为了不把手帕弄丢，他们还得将手帕系在每个人都会去注意的脖子上。

现在，蒙台梭利教会了他们正确的做法，他们不仅可以不再像以前那样尴尬，而且他们在这里得到了尊重和公正的对待，因为有人真正理解他们，他们以后在自己社交生活中的地位将得到提升。

尊重孩子的选择

要学会尊重孩子就要先学会尊重孩子的选择，因为那会证明他的选择是对的，他的价值观得到了认同和欣赏。

有一家三口到餐厅用餐，服务生询问父母要点什么之后，不忘去亲切地询问旁边的儿子：“宝贝，你想吃什么呢？”儿子回答说：“我想吃汉堡。”

“不行，今天你要吃蛋挞。”妈妈坚定地说。“再给他一份蔬菜沙拉。”

父亲强调说。

服务生并不理会孩子父母，仍然专注地盯着小男孩："小伙子，汉堡要加什么料呢？"

"嗯，一点沙拉酱和奶油……"他怯怯地瞟了父母一眼，服务生仍然对他微笑并鼓励着他，于是他鼓起勇气："还要一份冰淇淋。"

点完后服务生径自离开，留下小男孩的父母在那里目瞪口呆。

小男孩的这顿饭吃得非常开心，而且这种快乐的情绪一直到晚上睡觉时还没有停止，临睡前妈妈不解地问："亲爱的，你为什么会那么开心呢？"儿子高兴地说："因为今天有人问我想要什么，原来我也能够被别人所重视啊！"可以想象这句话会带给父母多大的触动，儿子已经长大了，他会自己作出选择，而且希望自己的选择得到大人们的认同，这种认同给他带来的不仅是快乐，而且让他更自信了！

从这一刻起学会去尊重孩子的选择，只要他的选择没有本质上的错误，那么就让他们试着去自己做决定，你会发现你的孩子会越来越聪明，越来越有主见，而且越来越有能力去面对问题并想办法解决问题。这就是最大的成长，不是吗？

尊重孩子的朋友

人们都有自己的社交圈，孩子也不例外，在很小的时候他们就已经开始建立自己的小圈子了，他们的玩伴就是圈子里面的成员。这是一种适应社会生活的表现，父母应该认识到孩子交友的必要性，去支持孩子，而不是横加干涉。

上初中的苏珊是一个性格开朗热情的孩子，在学校她有许多好朋友。

苏珊过生日，好多同学带着礼物来为她庆祝。大家自己烧饭做菜，忙得不亦乐乎，玩得十分开心。

可是苏珊的父母却不乐意了，厨房和客厅被弄得乱七八糟，喧闹声也扰乱了四邻，这让他们很恼火，可是又不好当场发作。于是等同学们刚离开，妈妈就阴沉着脸将苏珊叫来开始斥责："你都上初中了，还不知道专心学习，居然还交了那么多的狐朋狗友，简直太让我失望了！"

苏珊虽然早就看出妈妈不高兴了，可是却没想到她将自己的朋友说得如此不堪，于是生气地反驳道："你怎么可以说他们是'狐朋狗友'？他们可是我同学，你难道就没有朋友吗？难道不会到朋友家玩吗？"

苏珊话还没有说完，就被妈妈打断了："同学来玩当然没问题，可是你是女孩子，怎么交的朋友都是男孩子？而且吵吵嚷嚷，还把家里弄得乱糟糟的，真是烦死人了！"苏珊听后气得直哭，她没想到父母会如此看待自己和朋友，难道小孩子就不能有自己的社交圈吗？

父母希望孩子能够专心学业，这一点固然没有错，父母担心孩子交到坏朋友会学坏，这一点也无可厚非。适当地引导没有错，可是横加指责就只会加重孩子的逆反心理，效果往往适得其反。父母应该懂得如何去尊重孩子，尊重孩子的朋友也是对孩子的尊重。

别伤孩子的自尊心

父母的评价对孩子影响深远，它既能够帮孩子树立自信，也能摧毁孩子的自尊，使他们变得自卑。自信的孩子更能适应社会压力，而自卑的孩子则恰恰相反。因此，作为父母一定不要伤害孩子的自尊心，让自信变成自卑。

勃郎特从小跟爷爷奶奶生活在一起，他们对自己的孙子疼爱有加，呵护备至，什么事情都不用勃郎特担心，所有的问题都能帮他解决，于是本来就胆小的勃郎特，变得更加怯懦和内向。

几年后，勃郎特回到父母身边生活，父亲脾气暴躁，勃郎特在他面前大气都不敢喘一下，他处处谨慎小心，生怕做错事被父亲责罚。可是越是这样事情越是往相反的方向发展。一天，家里有客人，父亲让勃郎特倒茶。勃郎特很紧张，结果一不小心将茶杯摔到地上，父亲见此立刻责骂了他。"当着客人的面，这让勃郎特羞愧得无地自容。

此后，勃郎特看到父亲就紧张，一紧张，错误就会接二连三地出现，每次父亲都会暴打勃郎特一通。结果，可怜的勃郎特患上了恐惧症，天天都会做噩梦。

随着年龄的增长，勃郎特产生了逆反心理，父亲打他时，他就强忍着不哭。可是暴躁的父亲才不会允许勃郎特占上风，于是打得更加用力，直到勃郎特哭出声来，才肯罢手，并且还要讽刺一番。勃郎特被打得遍体鳞伤，自尊心已经快要破碎。

不仅父亲如此，母亲也不例外，甚至比父亲做得还要令勃郎特难以接受。母亲怕勃郎特学坏，就一直监督他，不仅经常到学校询问勃郎特的情况，甚至偷看勃郎特的信件和日记。有一天，勃郎特写信时被母亲看到，母亲要看信的内容，勃郎特不让，于是两人争执不下，最后信被撕碎烧掉了。母亲恼羞成怒狠狠“赏”了勃郎特一耳光。勃郎特的尊严已经被彻底摧毁了，他的世界当中没有任何尊重的成分可言，自尊心对父母而言根本就是多余的东西。勃郎特变得越来越孤僻，甚至对生活失去了兴趣。

糖果与女孩

溺爱是一种慢性毒药，它会降低孩子承受挫折的能力，让他变得娇气十足，一旦注入孩子体内，就会使其慢慢消亡。

一天，5岁的小泰迪跟着爸爸去朋友家串门。晚上回到自己家里后，泰迪突然发现装在自己口袋里的糖果不见了。那块糖果是爸爸的朋友杰克叔叔给的，泰迪家里没有那样的糖果。小泰迪摸着自己空荡荡的口袋，放声大哭。全家人都来安慰他，并承诺第二天一早就带着他去买好吃的东西，而且要买好多好多。然而，这样的承诺并没有使泰迪停止吵闹，他反而哭得更厉害了，喊叫声越来越大：“我什么都不要，就要那块糖果！赶快去给我找回来！”

说着，就往地上一躺，开始打着滚哭闹，爸爸妈妈心疼了，他们赶忙找来手电筒，沿着回来的路仔细寻找。可是始终没有找到，这时已经将近夜里十二点了，无奈之下，妈妈硬着头皮按响了已经休息了的朋友家的门铃，向朋友解释一番后拿了几块糖果回来。回到家里，发现小泰迪还在地上躺着呢，虽然已经停止了哭闹，可是表情始终是非常生气。直到妈妈把一样的糖果拿出来放到他手里，他才高兴了起来。

地震中的父与子

父母几句关爱孩子的话很可能就会成为他们的精神支柱，在他们遇到困难的时候，最先想到的往往是父母说过的一些话，因为父母是他们最亲近的人，多给孩子些关爱吧，他们需要你的爱。

1989 年，美国洛杉矶一带发生了一场大地震，短短几分钟的时间，就使 30 万人受到伤害。

一位年轻的父亲在混乱中把受伤的妻子安顿好以后，飞一般地冲向儿子的学校。然而，摆在他眼前的是一片废墟。

他感觉一阵眩晕，然后他大哭起来。哭着哭着，他突然想起自己常对儿子说的话："不论发生什么，我总会跟你在一起！"于是他赶忙止住哭声，坚定地站起身，向那片废墟走去。

儿子的教室在楼的一层左后角处。于是他快步如飞，到那里后就开始动手挖掘。

就在他清理挖掘的时候，很多孩子的父母陆续赶来，眼前这片废墟让他们不禁痛哭大喊："我的儿子！""我的女儿！"哭喊过后，他们绝望地离开了。甚至还有一些人上来拉住这位正在疯狂挖掘的父亲说："回去吧，太晚了，他们已经死了。"

"快来帮忙啊！"这位父亲向这些人恳求道。然而无人应声。于是他便一声不响地埋头接着挖。

前来救援的人拦住他说："先生，快离开这里，这些墙壁随时都会倒塌。"

"你可以过来帮我吗？"

"先生，我很抱歉，我能理解你的心情，但是这样不仅不利于你自己，对他人也有危险，还是马上离开吧。”

“你可以帮我吗？”这位父亲边挖边问。

众人都摇头叹息着走开了，他们认为这位父亲一定是因为失去孩子而精神失常了。

可是，这位父亲始终坚信儿子在等着他。

就这样，他不停地挖呀挖，8 个小时、10 个时、20 个小时、36 个小时过去了，他毫无放弃之意。再也没人来阻挡他。他满脸灰尘，双眼布满血丝，浑身上下破烂不堪，满手血迹。直到第 38 个小时的时候，他突然听见底下传出孩子的声音：“爸爸，是你吗？”

这是儿子的声音，他确信不是幻觉。他兴奋地大喊：“乔！我的儿子！是我，我是爸爸！”

“爸爸，真的是你吗？”

“是的，儿子，是爸爸！”

“爸爸，我知道你会来的。我告诉大家不要害怕，告诉他们只要我爸爸活着就一定会来救我的，这样也就能把大家都救出去。因为你说过：‘不论发生什么，你都会和我在一起！’对吧，爸爸？”

“是的，儿子！是这样的。你现在怎么样？还有几个孩子活着吗？”

“我很好爸爸，我们这里有 14 个人，我们都活着呢，也没有受伤。我们都在教室的墙角，房顶塌下来架了个大三角形，我们没被砸着。”

父亲热泪盈眶，他大声向四周呼喊：“快过来帮忙啊，这里还有 14 个孩子，他们都活着！”

路人听到喊声赶紧上前帮忙。

又过了一个小时，大家才终于开辟出一个安全的小出口。

父亲声音颤抖地说：“快来，乔！现在可以出来了。”

“不！爸爸。先让其他人出去吧！爸爸，我不害怕，因为我知道你会跟我在一起。不论发生什么事情，你都会跟我在一起。”儿子的口气充满了幸福和坚定。

最后，在同学们都安全地出来后，乔才被爸爸拉了上来。他们紧紧拥抱在一起。

祖母的花园

爱是世界上最伟大，也是最美好的，教育孩子在享受爱的同时，也要学会爱别人。

这一天，天阴沉沉的，像是快要下雨的样子，前几天的雨水还残留在地上，浸泡着落下的树叶，任由风再大，也吹不动叶子。伊丽莎白站在窗前向外望着，因为这个时候爸爸正一个人在院子里，背对着房子跪在空地上，手里举起一个东西，他将这个东西埋到土里之后再将草皮整理好。

绵绵细雨悄悄地从天而降，落在伊丽莎白面前的窗子上。她急忙拿出那把最心爱的小雨伞，站在门廊上将雨伞打开，因为没有人帮忙，所以看起来很吃力，可是她还是顺利地将雨伞打开，这样就可以为爸爸遮雨了。

“爸爸，你在做什么？”伊丽莎白好奇地问，因为她想不出爸爸在这样的天气，在这里做什么。

“工作。”他回答。

“在挖洞，种树吗？”伊丽莎白接着问道。

他叹了一口气，说：“不光是洞，我要将它变成一个美丽的花园。”伊丽莎白很疑惑，家里屋前有一片花床，后院还有爸爸种的樱桃和番茄，妈妈种的玫瑰花，难道这些都还不够吗？

“这个不一样，这是祖母的花园。”爸爸看出了伊丽莎白的疑惑。

“只是因为祖母已经死了吗？”伊丽莎白停了一会儿说。

“是的。”

她注视着地上的泥土：“为什么祖母也需要一个花园呢？”

爸爸听到伊丽莎白的话，停下了手中的活，转过头对她说：“孩子，不是祖母‘需要’一个花园，而是只要我们看到这个花园就可以想起祖母！而且我会把祖母喜欢的桑橙树种在花园里，因为这样我们就可以时常想起祖母了。”

他告诉伊丽莎白：“祖母每年夏天都会在自己家里对人说：‘嗯，闻闻桑橙的味道。’祖母喜欢花、音乐、看书，她喜欢陪着家里的每一个人，用她的笑声和笑容温暖每一个人。

最后，伊丽莎白很认真地看着爸爸问：“爸爸，你想祖母吗？”

他说：“我从来没有想过会这样想念她。”沉默了一会儿又说：“即使在我长大之后，祖母也总是保护着我，因为她可以把所有的事情弄好。”

但在伊丽莎白的记忆里都是祖母生病的样子，祖母躺在沙发上，面容憔悴，但是还是用微笑对待所有的人。为了不让祖母着凉，她会把被子盖在祖母身上，用各种各样的办法逗祖母开心，也常坐在祖母身边，听着她慢慢的、温暖的读书声。这一切是多么美好。

“爸爸，那现在是谁在保护你呢？”伊丽莎白问。

伊丽莎白听到爸爸用几乎哽咽的声音说：“我想是爷爷和妈妈。”停顿了一下说：“还有你。”

伊丽莎白的妈妈也从窗子向外看，细雨不经意地敲打着窗子，并且消失在泥土里；而草地的另一头，有两个身影，一个小小的身影举着手中的雨伞，为爸爸挡雨，另一个继续跪着挖掘泥土。

剃光头

让孩子学会去爱人、关心人，让他们有一颗善良、怜悯的心，只有这样，整个世界才会变得更加温暖。

韦斯里放学回家后，把书包放回自己的房间，出来后一言不发地坐在沙发上。正坐在沙发上看报纸的爸爸感到很奇怪，忙问：“怎么了，小伙子，受到老师的批评了吗？”

“爸爸，我们班的洛莉塔得了癌症，不来上学了。”韦斯里难过地说。

“亲爱的，她不会有事的，癌症并不意味着死亡，不是吗？”爸爸说。

韦斯里犹豫了一下，不安地说：“老师告诉我们，她正在化疗，头发都掉光了。”

“嗯，我想，不久就会长出来了。”爸爸安慰着儿子。

“我和几个小伙伴约好了明天去医院看她。”

听了儿子的话，爸爸感到很高兴：“好极了，儿子，你可以带一些水果去。”

韦斯里小心翼翼地说：“我们准备都剃成光头。”

爸爸愣住了。

韦斯里看了看爸爸，终于抬起了头，勇敢地说：“爸爸，请带我去把头发剃光吧。”

爸爸不知道该说什么才好，他只是呆呆地坐在那儿。

韦斯里推了推爸爸，再次恳求道：“爸爸，这都是我的主意。我跟汤姆和路易斯都说好了，为了让洛莉塔放心，我们也把头剃光，看到我们跟她一样，她就不怕了。”

爸爸看着儿子，神情有些激动，他赶忙放下手中的报纸，带着儿子向理发店走去。

在理发店里，韦斯里愉快地唱着歌。不久，汤姆和路易斯也来了，他们的家长也都为孩子的行为感到自豪，连理发师都被深深地感动了，他决定免费为他们理发。

回到家后，爸爸对韦斯里说：“亲爱的，我有个更好的提议，明天去医院之前，把你的小伙伴叫到我们家里来吧，我要送你们每人一顶帽子，怎么样？另外啊，你妈妈还有一顶非常珍贵的帽子，是你外祖母从英国买给她的，现在依然很新，你可以带去送给洛莉塔，她一定会喜欢的。”韦斯里眼睛里闪着喜悦的光，听爸爸这么一说，他扭头看了看妈妈，妈妈微笑着点头同意。

韦斯里高兴极了，他说他要去通知他的小伙伴们，于是蹦蹦跳跳地出了家门。

剪长发

父母在对孩子进行说教的时候，一定要尊重孩子，维护他们的自主性，这样，就不会遭到更多的反抗。

麦克已经 13 岁了，他几乎不曾剪发，整天披着一头长发晃来晃去。韦斯特太太感觉儿子这样下去并不好，需要马上想一个办法让麦克把长发剪掉。这天，她终于想出了一个策略，既可保留儿子的自主权，又可以维护儿子的自尊。于是，她把麦克叫到身边，说：“亲爱的，你的头发太长了，需要剪短一些，你可以自己剪，也可以去理发店，这些完全由你自己决定。”

麦克晃了晃脑袋说：“我是不会去理发店的，要是必须剪掉的话，那我会自己剪的，妈妈。”

韦斯特太太微笑着点头同意。第二天下午，麦克放学回家，从书包里拿出一把很特殊的剃刀梳子，走到妈妈跟前说：“来吧，妈妈，帮我一下。”韦斯特太太一阵欣喜，她赶忙放下手中的活，帮儿子大致地剪了一下。然后，麦克就进了浴室，过了很长时间，饭菜都已经快凉了，韦斯特太太才看到儿子走了出来，他晃了晃自己用了很长时间才修整好的头发，高兴地说：“感觉如何，妈妈？还不错吧？”一副得意的神情。

改过自新的儿子

不要轻视和责骂曾经犯过错的孩子，而要全力帮助、拯救他。

有一个老人，他有两个儿子。

一天，小儿子对他说：“父亲，我希望您能把属于我的那份财产分给我。”

“可以。”老人说。

然后就真的把那份属于小儿子的财产分给了他。几天后，小儿子便向老人告别，带着自己的全部财产走了。

经过一段时间的挥霍后，他身无分文，不得不沿街乞讨。后来，乞讨都无法维持生计的时候，他只好把自己卖给一个庄园做奴隶。主人安排他在农场喂猪，饥饿难忍时，他甚至要去和猪争食。

这时，他才想起了自己的父亲，想起了过去衣食无忧的生活，他后悔不已，常常自言自语道：“我违背了天理，我对不起父亲，我应当回去请求他的原谅。”

当他回到家里时，父亲正在园子里干活，看到自己的儿子站在门口，忙上前抱住了他。儿子羞愧极了，哭着说：“父亲，对不起，我不配做您的儿子。”

父亲眼里含着泪，把小儿子拉到屋里坐下，然后忙吩咐仆人们：“快去把新衣、新鞋拿来，我要亲自给我的儿子换上。还有，把那头最肥的小牛宰了，我要庆祝我儿子的归来！感谢上帝，让他重新回到我身边，虽然他曾迷失方向，但现在他已获得新生！”

当老人的大儿子干完活回来时，看到家里仆人忙作一团。上前一问才知道是弟弟回来了，父亲要为他庆祝。大儿子非常生气，他不想进屋里。正当转身要离开的时候，父亲出来了，他恳求大儿子进屋里。大儿子生气地说：“您这样做是不公平的！这么多年来，我一直在努力为您工作，从不偷懒，可是您却连一只山羊都不曾赏赐给我，也没有说过要庆祝。可是，您的小儿子，把您分给他的财产挥霍完回来时，您却要为他宰杀最肥的小牛，为他干杯庆祝。”

父亲平静地说：“孩子，你一直陪伴在我左右，你努力为我创造的一切将来都会属于你。可是对于你弟弟的归来，我们必须要庆祝，因为你弟弟曾经迷失了自己，如今，他终于又找回了自己，开始悔过自新了。”

不体贴的父亲

有时候我们对孩子不应该太苛求，毕竟他们还是孩子，我们在管教和关爱他们的同时还应该给予他们应有的自由和快乐。

美国人李文斯登·劳奈德以一个父亲的角色为世人作了参照。他写的《不体贴的父亲》曾深深影响了千万个美国家庭，为美国父母和孩子提供了一张如何沟通且具有启喻意义的良方。在世界其他国家也有着同样的情形，成千上万的人在学校、教堂及社区的演讲台上读它，它还在无数的集会和节目中被传播出去。下面再让我们重温一遍这个作品，希望能为我们教育孩子带来一定的启发。

听着，我的儿子，当你睡着了，用小手托腮，额头微微出着汗，卷曲的金发散乱地分布在枕头上。我要告诉你这些话。

我一人悄悄地走进你的房间。就在几分钟前，我在书房阅读文件时，突然涌出一种从未有过的悔恨。于是，我怀着不安和有罪的心情，来到你床边。

这些都是我刚刚想到的事情，儿子，我对你过于蛮横了。我总是责骂你，只是因为你上学时没有好好洗脸，而是用毛巾随便擦了一下，只是因为你没有把鞋子擦干净，只是因为你把东西随便扔在了地板上。

吃早餐的时候，我又挑你的毛病。我批评你把东西洒在桌子上，批评你吃东西狼吞虎咽，批评你把手肘放在桌子上，批评你的面包涂了太厚的牛油；当你跑出去玩时，转过身来向我挥挥手说："爸爸，再见！"而我却马上皱起眉头说："马上把胸挺起来，两肩向后张！"

然后，下午也是如此。当我下班回来，发现你跪在地上玩弹珠，裤子上不是尘土就是破洞。我把你押在前面，让你同我一起回家，这令你在朋友面前非常丢脸。"裤子很贵的，假如是用你自己挣的钱去买，你肯定就会小心了！"儿子，你肯定在想，这竟然是一位父亲说出的话！

不知你还是否记得，那天，你走进我的书房时，怯怯缩缩地，眼含委屈。我抬头看了你一眼，对于你的打扰，很是不耐烦，而你在书房门口犹豫着。

"有什么事？"我大声责问。

你没有说话，只是很快地跑到我身边，抱着我的脖子，亲了我一下，而你用有力的小胳膊，带着上帝在你心中所给予的热情，紧紧地搂着我，而这种热情，即使没有受到注意，也不会枯萎。后来，你就放开我转身走出我的书房，蹬蹬蹬地上了楼。

儿子，就在那一刻，在你走开之后那一刻，我手中的报纸掉到了地上，我的整个人都被一种非常难过的恐惧所笼罩。我怎么被习惯弄成了这个样子呢？那种挑毛病和申斥你的习惯，竟然是一个父亲给一个还是一个小男孩的儿子的东西。当然了，我这样做并不是因为我不爱你，而是因为我对你抱着太高的期望，可是我错在没有考虑你的年龄，而是以我这种年龄的尺度来衡量你。

在你的个性中，有着美好和真实。你小小的心，却大得如那拥盖群山的黎明。这一切都在你主动跑到我跟前给我献上晚安的亲吻中表现出来了。儿子，今晚其他的一切都已不再重要。我在黑暗中来到你床边，跪在这里，带着惭愧忏悔！

对你而言，这只是轻微的补偿。我知道等你醒来后，我若告诉你这些，你也不会懂。不过，儿子，我保证从明天开始做一个真正的父亲！我要做你的朋友，与你一同难过，与你一起欢笑。我要严肃地一再告诉我自己："他还只是一个男孩！一个小男孩！"

我想我以前是把你看成一个大男人了。可是现在我看着你，我的儿子。你蜷缩在你的小床上，我看出你还是一个小婴儿。好像就在昨天，你还是被妈妈搂在怀里，把小头依在她肩上的小孩子。我对你的要求实在是太过分了，太过分了。

吮手指的男孩

孩子生性是好动的，大人不能强加阻拦，更不能使用暴力，这样会给孩子造成不良影响。

一天晚上，爱德华同他的儿子坐在沙发上看电视，儿子边看电视边吮吸着小手指，发出的声响让人心烦，爱德华看了看儿子，沉下脸说："不要再吮手指了，马上停止！这种声音让人心烦！"

儿子好像根本没有听到他的话，于是爱德华又重复了一遍他的要求，结果儿子依然我行我素。当爱德华把自己的要求重复了五六次后，他终于无法压抑心中的怒火，上去打了儿子一巴掌。儿子被这突如其来的巴掌吓坏了，他很疼也感到很委屈，就边哭喊边用小手打爸爸，这一举动使得爱德华更加生气了。他大声说："你这样的小孩子怎么如此大的胆子，居然打爸爸！马上回你的房间。"儿子不听爸爸的话，硬要继续坐在沙发上看电视。爱德华一点都没有冷静下来，他强行把儿子抱到楼上，儿子继续哭闹，小手还在不停地捶打着爸爸。

他怎么也弄不明白为什么大人可以打小孩，而小孩却不能打大人。结果，最后，儿子有了这样一个认识，那就是只有打比自己小的人才能逃脱处罚。

缩头的小乌龟

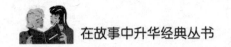

我们应该让孩子怀有一颗真挚的爱心去关心、爱护身边的每一个人。

生日那天，汤姆收到了一份令他惊喜万分的礼物，是爷爷送给他的可爱的小乌龟。兴奋的小汤姆非常想和乌龟一起玩耍，可是由于初到一个陌生的环境，小乌龟还有些害怕，因此它一下子就把头脚缩进了壳里。小汤姆便用棍子捅它，想以此逼它出来，可是却始终没有成功。

爷爷把这一切看在眼里，就对汤姆说："不要这么做，让我来告诉你一个更好的办法吧。"他让汤姆把乌龟带进屋里，放在暖和的壁炉旁。不久，小乌龟便感觉很热，于是，它便把头脚从硬硬的壳里探了出来，并主动向汤姆爬去。

小汤姆惊喜地看着爷爷，"很多时候人也像这个小乌龟一样。"爷爷说着看了看汤姆，又看了看小乌龟，"用强硬的手段逼迫人往往达不到理想的效果，相反，倘若以善意、亲切、诚挚和热情来对待他人，使他人感到温暖，那么，他就会主动去做你想要他做的事。"

医生的绝招

不能压抑孩子的个性，并不意味着一切都由着孩子的性子。当遇到孩子不听话时，适时地强硬反而会使问题得到更好的解决。

经常会有这种情况，孩子在外面和在家里的表现会有很大的差异，一些在家很听话表现很好的孩子，一旦到了外面就会变得非常难缠，父母往往在这个时候对他们一点办法都没有，因为在公共场合，他们不愿意对自己的孩子发火，更不会教训他们，聪明的孩子正是抓住了大人的这种心理而为所欲为。保罗就是最好的例子，直到有一天被老牙医治好。

8 岁的保罗是汤姆医生的小病人。可是汤姆医生对自己的病人却相当头痛，因为每次保罗一来就会给同事带来巨大的恐慌——他会将办公室里的一切物品搞得一团糟，医生无法正常工作。他的母亲对此束手无策，只能在一边叹气。

一次体检后，汤姆医生开始担心，并不是保罗的病情无法医治，而是自己的人缘受到了挑战。因为保罗长了蛀牙需要转到牙科去治疗，汤姆医生将顽劣的保罗介绍给任何医生，都势必会得罪对方，损害彼此的友谊。在这个时候，汤姆听说有一位老牙医很会对付小孩，所以汤姆医生就冒险将保罗交给了他。

保罗和老牙医的对抗开始了。

老牙医说："小伙子，坐到这张椅子上来。"

"休想！"保罗晃着自己的小脑袋。

"我让你坐到上面来听到了吗？"牙医继续不慌不忙地说。

保罗看到牙医无动于衷，便威胁到："非要我坐那张椅子，我就把衣服脱光。"

"你脱吧，孩子。"牙医镇定自若。保罗觉得自己受到了威胁，于是开始脱衣服，他脱掉了外套和鞋袜，继续挑衅牙医。

牙医没有任何表情："好，现在坐到椅子上来。"

保罗情绪激动："你到底有没有听清楚？我说的是如果让我坐上那把椅子，就把衣服'脱光'！"

"好吧，没关系！你继续脱吧。"牙医不紧不慢地看着保罗脱掉了身上所有的衣服。

"好了，坐到这里来吧。"牙医对赤身裸体的保罗说。保罗无奈地坐到椅子上，并且在整个过程中非常配合。蛀牙修好后，保罗问牙医要自己的衣服。

牙医回答："很抱歉，去跟你妈妈说，衣服今天要留在这里，请她明天再过来取。"

保罗无奈透了，这种医生让他一筹莫展。他只好在众目睽睽之下光着身子跟母亲离开。

第二天，妈妈来诊所取保罗的衣服，她激动地对医生说："太感谢您了！三年了，保罗一直用这个方法威胁我们，一到公共场所，他就用脱光衣服来威胁我们达到自己的目的，我们一点办法都没有，幸好您戳穿了他，他现在变得听话极了！"

因为在公共场所，父母对孩子平时的限制和规定很难实行，孩子就会以此为保护区，形成“离家父母权”，他们知道父母在这些时候不会发火，就会趁机来要挟父母，以达到自己的目的，父母往往束手无策。对于这种情况，父母应该学会用另一种方式来对待，让他的威胁落空或者马上把他带到没人的地方。只要一两次，孩子知道自己的威胁不再起作用时，就会变得乖乖听话。

别被贫穷压弯腰

物质的匮乏不应成为一个人自卑或消沉的原因。也许你无法给孩子优越的生活，没关系，请给他寻找幸福生活的动力。

父亲去世的时候，杰克还不满 10 岁。当别的孩子还在尽情玩耍，还在母亲怀里撒娇的时候，小杰克就已经开始承担起了家庭的重担。他发誓自己一定要同妈妈一起支撑起自己的家庭。不过，他心里明白这绝不是一件容易的事，可他必须这么做，因为他是家里唯一的男子汉。就这样，这个小男子汉便时刻想着为母亲分担重担。他从不向母亲要任何东西，可是，这次，他犯难了，因为他非常需要一本字典。

可是，看到妈妈每天为这个家呕心沥血，小杰克实在不忍开口向妈妈要钱。他躺在床上，一晚上翻来覆去，直到天快亮时，他才昏昏沉沉地睡着。第二天醒来后，他发现外边下大雪了，所有的道路都被大雪盖得严严实实的。刺骨的寒风让每一个想要去扫雪的人望而却步。

可是小杰克却一下子高兴了起来。他认为上帝给他制造了赚钱的机会。于是他就跑到邻居家里，向他们提出替他们清理房屋前的积雪，邻居接受了他的建议，工作完成后，小杰克也得到了他应得的报酬。

走出邻居家，小杰克想，应该还有很多人家都愿意让人替他们打扫积雪的。于是他就换了一家又一家。整整一天的时间，他都在不停地为别人清扫积雪。直到最后，他赚来的钱已经足够买那本他必需的字典了，并且还有剩余。于是他拿着自己辛苦赚来的钱朝家走去。

小杰克边走边想，今天实在是太累了，回家以后一定要好好休息一下。

可是他突然又想到自己家里的积雪还没有清扫呢。于是他开始往家里跑，他不想让妈妈受累。

可是当他回到家的时候，发现自己家的积雪已经被清扫干净了。妈妈已经做好了热乎乎的饭等着他回来。杰克的母亲知道自己的孩子去做什么了，她用鼓励和赞许的眼神看着自己懂事的孩子，她相信自己的孩子是最懂事的，他将来也一定会取得很大的成就。

俗话说，穷人的孩子早当家。物质的匮乏有时候不一定就是件坏事。越是贫穷越能让我们积极地去寻找摆脱它的途径，而在寻找的过程中，我们就会不断锻炼自己，完善自己，直到最后成就自己。当然了，贫穷绝对不是一件光荣的事情，但是，任何人都不能把贫穷当作自己不思进取的借口。只要乐观地看待生活赐予你的一切，挺直了腰板去努力改变不良的现状，你就不会一直贫穷下去。

吃肉与吃苦

吃过苦的孩子，才能真切地感受到甜，必要的时候让孩子切身体验吃“苦”，就能够让孩子感受到“甜日子”是来之不易的。

10 岁的罗伯特每天吃饭时，总会闻到从邻居家传来的一股肉香，他非常喜欢肉香，更加想吃肉。终于有一天，罗伯特忍不住问妈妈：“邻居家每天都吃肉，为什么我们家不可以呢？”

妈妈反问他：“你想吃肉了吗？”

罗伯特兴奋地说：“当然了！我已经好久没吃过肉了。”

“好吧，你跟我来。”妈妈把罗伯特带到一个工地，并找了一份搬砖的工作，搬 1000 块砖 10 美元的报酬。妈妈说：“快来搬，搬完今晚就能吃到肉了。”

罗伯特很努力，可是不一会儿就没了力气。“搬了 100 块了，已经有 1 美元。马上就会有 2 美元。”妈妈鼓励着罗伯特，并没有停下自己的工作。

罗伯特又坚持了一会儿，终于支撑不住，他非常累：“妈妈，这太辛苦了！”

妈妈说："没关系，休息一下再搬。"

罗伯特于是搬搬停停，可是妈妈却从来没有停下，汗水已经打湿了妈妈的衣服。罗伯特累坏了，他不想干了，于是试探着问妈妈，妈妈回答："亲爱的，不劳动怎么会有幸福的生活呢？想天天吃肉就得努力工作才行。"

天快黑时，活儿终于干完了，罗伯特已经直不起腰。妈妈领来10美元的报酬，晚上，家里的桌上摆上了罗伯特盼望已久的鱼和肉。

妈妈对罗伯特说："亲爱的，你现在知道为什么邻居每天都能吃上肉了吧。因为他们白天先吃了苦啊。"

这句话深深触动了罗伯特的心灵，从此后罗伯特牢记"吃苦"二字，对自己的要求更加严格了。

洒掉的牛奶

对孩子的教育，要同砌砖一样，必须打好基础，即使很严格，但只要从小抓紧，使他们养成习惯，也就不会再感到有任何痛苦了。

6岁的小威特被父亲带去拜访一个朋友，并在朋友家住了几天。

一天早餐时，小威特不小心洒了点儿牛奶。按照家规，他是要受罚的，惩罚就是只能吃面包。小威特本来就很喜欢喝牛奶，父亲的朋友又为他特制了一种牛奶，还在上面添加了最好的点心，这对小威特来说是一种不小的诱惑。在洒掉牛奶后，小威特的脸红了。他迟疑了一下，终于还是不再喝牛奶。

老威特假装没有看见。朋友家人再三劝他喝牛奶，小威特还是不肯喝，并歉疚地说："因为我把牛奶洒了，不可以再喝了。"

"这有什么关系，快喝吧！"

可是老威特仍然一言不发，继续假装没看见。小威特非常坚持，朋友只好向老威特进攻，他们觉得一定是老威特的家教太严造成的。

气氛很尴尬，老威特让儿子先出去，他对朋友一家说明理由。但是他们都责怪他："孩子刚6岁，只是一点小错就这样惩罚，太苛刻了！"老威特解释说："不是的，儿子并不是因为害怕我才这样做，而是他认识到这是用来约束自己的法则才不喝的。”

但是朋友一家还是将信将疑，他们决定做个试验，就是让老威特先离开房间，然后再让小威特过来喝牛奶，看看结果如何。

老威特起身离开，小威特被叫了进来，朋友依然热情地劝他喝牛奶、吃点心，并且对他说：“放心吧，我们不会告诉你爸爸的！”可是小威特无动于衷，他说：“我不能撒谎，即使爸爸看不见，可是上帝却看得见。”朋友继续劝：“可是我们一会儿要出门散步，不多吃点你很快就会饿的。”小威特回答说：“没关系的。”朋友实在没办法只好把老威特叫进来，小威特很感激父亲能够来为他解围，他流着泪向父亲说明情况。父亲听后冷静地说：“好吧威特，你的良心惩罚已经够了。现在要去散步，把牛奶和点心吃了吧，不要辜负大家的心意。”小威特听后如释重负，他高兴地喝了牛奶并吃了点心。威特年仅 6 岁，却有这样的自制力，这让朋友一家都深感佩服。

9 岁孩子的“爱情”

真诚的沟通远比严厉的说教更有说服力，也更容易让孩子接受。让孩子自己思考，自己解决人生的重大问题，就是忠告的最佳效果。

一位中国小女孩因父母工作调动而转学到一家德国小学读书，她是同学们当中第一个有着黄皮肤、黑头发的异类，因此，受到全校同学的关注。不久，一位只有 9 岁的德国男孩宣称爱上了她。

在德国，这种事情很常见，可这位中国小女孩却并不像德国小姑娘表现得那么得意，相反她对此十分生气。她一再拒绝小男孩的靠近，可是那位德国小男孩却十分坦然，而且，找一切机会接近她。

一次，小女孩生病几天没有来学校。谁知德国小男孩居然在班里大哭大闹，并且说如果女孩不来上课，他也无法继续上课，他要回家了。

男孩回到家后，对父母说自己要跟一个中国女孩结婚。可是男孩的父母并没有像中国父母那样教训或指责儿子，相反他们一点也不感到惊讶，男孩的母亲还说：“很好！不过结婚需要很多东西的，要买房子、车子、婚纱、戒指……这些要花好多的钱。你想跟自己心爱的姑娘结婚就必须从现在起努力学习，以后才能同那个姑娘结婚。”男孩听得十分认真，他认为母亲的话说得非常有道理。于是从此以后开始努力学习。

9 岁孩子的爱情其实根本算不上什么爱情。那只是一种欣赏的好感，是一种与异性交往的渴望。对于这种情况，父母应该用高明的方式去处理，而不是去教训。正确的引导会让孩子更加积极地面对人生，就像德国小男孩的母亲那样，少一些指责，多一些鼓励，并且为他指明正确的方向，而这种方向的指明并不是说教式的，而是巧妙地指引，让孩子自己去寻找方向，从而与异性建立自然的、友爱的关系。

第二章

完善自身的尺度

把花儿留在这里

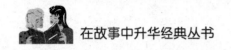

共同拥有则人人都有，私自拥有反而一无所有。我们要帮助孩子树立起共有的观念，因为这是树立好德行的开始。

詹姆斯先生是一位优秀的园丁，那年春天，他被邀请去一个花园管理那里的郁金香。到任后，詹姆斯先生发现这里的郁金香其实非常好管理，只不过有一个问题，那就是这个花园附近有一所学校，每当那些上下学的孩子们路过时，都要摘一朵花走。于是，詹姆斯先生便很早起床收拾好一切后来到花园，等待着那些上学路过的孩子们。终于，一个孩子上前问道：“先生，我可以摘一朵花吗？”

詹姆斯先生说：“孩子，你想要哪一朵呢？”那个孩子指着那朵开得最美的郁金香说：“这一朵可以吗？”詹姆斯先生笑着说：“这可真是一朵美丽的花，孩子，它从现在开始就属于你了。不过，如果把它留在这里的话，它会健康地开放而不凋谢，而如果现在把它摘下来的话，恐怕它只能活几个小时。你认为怎样好呢？”

那个孩子想了一会儿说：“先生，我看还是把它留在这里吧，我会常来看它的，也请您帮我照看它，好吗？”

“当然可以了，孩子。你完全可以安心去上学，我一定帮你照顾好它。难道你认为一个做了一辈子园丁的老人连一朵花都照顾不好吗？”

接下来的时间，又先后来了十多个孩子都在这里选择了他们的花，面对詹姆斯先生的提问，他们都无一例外地选择把花留在花园里，由詹姆斯先生这位优秀的园丁来帮忙照看，免得过早凋谢。那年春天，詹姆斯先生把整个花园的花都送出去了，结果那个花园的所有的花都在花园里开放着，一朵都没有被那些孩子们摘下，而且，詹姆斯先生还同他们成了好朋友。

丹尼尔的晚餐

孝顺父母，尊重长辈是每个家长教育孩子的重要一课。

丹尼尔家非常贫困。所谓“穷人的孩子早当家”，丹尼尔总是利用课余时间帮助家里干活。没有好的干柴用来生火，丹尼尔就常常去捡干树枝当作干柴。

这天天气很好，妈妈却生病了，爸爸又不在家，她便让丹尼尔去捡干柴，丹尼尔欣然答应了。每次去拾干柴，丹尼尔都要走到那片离他们居住的村子两英里以外的树林里。而且，丹尼尔还得在那里呆上一整天，只有这样才能拾到更多的干柴。

丹尼尔干活从来都是很卖力。随着太阳越升越高，丹尼尔感觉越来越热了，不一会儿，丹尼尔便汗流浃背，并且嗓子干渴得厉害，似乎马上就会冒出烟来。于是他想找个地方休息一下，然后去吃午餐。

当他走到小溪边时，眼睛一亮，在苔藓中间的那么多熟得通红的野草莓让他兴奋地欢呼起来。

“用面包和奶油搭配上可口的草莓，味道一定好极了！”丹尼尔边想边摘下帽子，然后便去小心翼翼地采摘那些熟透了的野草莓，摘完后，他在小溪边坐了下来。

这里美极了，小丹尼尔感到非常愉快和满足。他想，要是妈妈也在这里就好了，那样，丹尼尔就可以和妈妈一起分享这诱人的美味了！于是刚刚送到嘴边的那颗草莓就停在了嘴边，而后又被那只小手放了回去。

“还是把这些草莓留给妈妈吧！”他说，“这会使妈妈很开心的。”可是这草莓实在是太诱人了，丹尼尔还是目不转睛地盯了好长时间。

“我可以先吃一半，把另一半给妈妈带走。”他终于作出了这个决定。于是他就把草莓平均分成了两堆。可是，他感觉分开的草莓每一堆看起来都很小，于是就又合在一起了。

“我只尝一个。”他想，然后就在他马上要把那颗草莓送进嘴里时，却发现那是所有草莓中最好的一颗，于是他又马上停下了。

“我应当把这些草莓全都留给妈妈。”边说边把那些草莓小心翼翼地放进了随身携带的小袋子里，尽管咽了好几次口水，但他最终一颗都没有吃。

太阳要落山时，丹尼尔已经捡到了很多干柴，一想到妈妈可以吃到那些美味的草莓了，丹尼尔就忍不住兴奋。于是，他飞快地赶回家。

就在他放下干柴时，听到了妈妈的声音：“是丹尼尔吗？很高兴，你回来了。辛苦了，我的孩子。不过我有些口渴，去帮妈妈倒杯水吧。”

丹尼尔捧着他在树林里摘的野草莓跑到妈妈跟前，妈妈看到后，激动地问道："这是你留给妈妈的吗？"妈妈亲吻着丹尼尔，眼里充满了泪水，脸上却挂满了笑容。妈妈继续说道："上帝会因此而保佑你的，我的孩子。"

此时此刻，丹尼尔和妈妈都是最幸福的。

美丽的手

外表的美丽并不代表真正的美丽，只有纯洁善良的心灵才是世界上最美丽的。

露西的父亲是一位著名的商人，她聪明美丽并接受了很好的教育。她的手修长白皙，闲暇之余，她会用那双优美的手弹奏钢琴。听到她弹琴和看到她手的大人们都赞不绝口。"我的手是最美丽的手！"露西常常这样想。因为自己的手漂亮，她就总是会注意别人的手，直到那天，她看到她的同学珍妮的手红肿粗糙。"哦，欧文小姐，珍妮的手看起来很难看啊！"露西在放学的路上对老师欧文小姐说道。

"露西，可是我认为珍妮的手是我们班上最漂亮的。"欧文小姐和蔼地说。

"为什么呢？欧文小姐，珍妮的手又红又硬，根本不能弹钢琴。"露西一脸的不解。

欧文小姐停下脚步，握住露西的手说："你的手柔软白皙优美，可它只是在弹钢琴时好看，珍妮的手可能弹钢琴时真的不好看，可是它也有自己的美丽之处。"

看露西更加疑惑，欧文小姐便继续说："你知道吗，露西，珍妮的手总是在不停地忙碌，她要洗碗洗衣服，要生火做饭，还有许多繁重的家务，她总是用那双手去努力帮助穷困的父母照顾幼小的弟弟。她还要修理自己的玩具，给洋娃娃缝衣服，有时还会为隔壁生病的小妹妹洗头。并且她还富有同情心，关心那些有生命的动物。我曾看到她在街上轻轻抚摩疲劳的马匹和瘸腿的小狗。她的那双手总是时刻准备着去帮助那些需要帮助的人。露西，我必须告诉你，珍妮的手之所以是老师认为的我们班上最美的手，是因为珍妮的手总是欣然地接受并且高兴地工作。"

"哦，欧文小姐！我为我开始跟您讲的那些话感到非常惊讶，我很抱歉。"

露西的眼泪开始在眼里打转。

“那么，露西，用你真诚的行动来表达你的懊悔吧。记住，心灵美才是真正的美。”

母女协定

父母与孩子间产生分歧和争执都是常有的。两代人之间有太多的不同看法，倘若双方都各执己见，就无法避免矛盾。不妨理解一下对方，互相做一些让步，事情就可得到圆满解决。

罗伯特太太发现大街上的年轻人总是穿一些被染磨得破破烂烂的牛仔裤和花花绿绿的T恤。对于这样的流行趋势，她还是不能接受。然而有一天，她却发现13岁的女儿洛莉塔正在花园里，用泥土和石头猛擦新牛仔裤的裤脚。罗伯特太太很吃惊：“上帝啊！这个孩子怎么可以如此对待我给她买的新裤子呢！”罗伯特太太立刻上前阻止，并说：“洛莉塔，妈妈像你这么大时正是美国经济大萧条时期，生活清苦极了，而你现在却这样不爱惜东西。”这番说教丝毫不起作用，洛莉塔依然在低头使劲地擦着。罗伯特太太问她为何要把新牛仔裤弄成这样，女儿说：“妈妈，您看看外面在流行什么？我怎么可以穿着这样新的牛仔裤出门啊！”

罗伯特太太很无奈，每天女儿上学走时，她都会盯着女儿的那一身装束叹气道：“怎么可以穿成这副德性呢。”女儿上身穿爸爸的旧T恤，上面还染了蓝色的圆点和条纹。新买的牛仔裤，膝盖和裤脚都被弄得面目全非，罗伯特太太没有数清那裤腿上有几个被女儿剪开或磨出的洞。

这天，女儿上学后，罗伯特先生对太太说：“亲爱的，你看你每天在女儿出门时都说了些什么？‘怎么可以穿成这副德性呢。’好了，当她到学校和朋友们谈起整日唠叨的古板母亲时，可真有的讲了。你看过其他像女儿这个年纪的孩子们都穿什么吗？为什么不亲自去看看呢？”

罗伯特太太认为先生说的有道理，就准备看看这个年龄段的孩子们都在穿什么，于是女儿快放学的时候，罗伯特太太特意开车去接她。这次，她总算开了眼界了，女儿的穿着算是一般的，比女儿穿得更“惊世骇俗”的大有人在。于是，回家后罗伯特太太对女儿说：“亲爱的，也许是我对‘牛仔裤事件’

反应有些过度。从现在起，你去上学或与你的朋友出去玩，想穿什么就穿什么吧，妈妈不再反对了。”

“妈妈，您说的是真的吗？真是太好了！”

“是真的，不过你也得答应妈妈一个条件，我们一起去教堂或拜访长辈时，你得乖乖地穿些像样点的衣服。”

女儿在考虑。罗伯特太太继续说：“这样做你只需让步百分之一，而我却让步百分之九十九。”

“好吧，妈妈，我们一言为定。”

此后，洛莉塔出门时再也听不到妈妈的那句让人反感的话了，而罗伯特太太带着女儿去参加一些公众场合的活动时，也看不到女儿破烂的牛仔裤和宽大破旧的T恤了。

承　诺

优秀的品德不应埋没在俗世的尘嚣中，面对天真的孩子，我们又怎么忍心用谎言来伤害。传承美德，从父母自身做起。

福克斯是犹太著名的政治家，他一生保持诚实守信的原则，也因此赢得了很多人的尊重。

一次，福克斯应邀去一所大学演讲，一个学生提问：“政坛历来充满欺诈，您有没有撒过谎？”

“我在从政的过程中从未撒过谎。”福克斯说。

学生开始小声议论，甚至有的笑出声来，因为他们听惯了所有的政客的语言，他们总是发誓，说自己从未撒过谎。

看到下面的反应，福克斯并不生气，他继续说：“各位，也许我很难证明自己是个诚实的人，但是大家应该相信，在这个世界上，在我们周围，诚实依然存在。在此，我想讲一个故事，或许听完你们就会忘记，但是我却时刻记在心中。”

他讲到，有一位农场主觉得自己家后面的亭子已经很破旧了，应当拆掉，于是他请来了几个工人。正要去上学的儿子对拆亭子的事非常感兴趣，他对父亲说：“爸爸，能不能等我放学回来再拆这座亭子？我想看看他们是怎么拆掉这座亭子的。”

父亲答应了，可是孩子一走，工人很快就把亭子拆掉了。放学回来的孩子发现旧亭子已经被拆掉了，就失望地对父亲说：“爸爸，您不是答应等我回来后再拆亭子的吗，可是爸爸您却没有做到。”

孩子的话让那位父亲感到惊异，他看了孩子良久，然后说：“对不起，孩子，是爸爸错了，爸爸不应该骗你。”

于是这位父亲就又把工人重新请来，让他们在原地造一座和原来一样的旧亭子。等亭子造好后，那位父亲又把孩子叫来，让孩子站在一边，然后对工人说：“请你们现在把它拆掉。”

福克斯说，我认识这位父亲，当时他不富有，可是却在发现自己错了后及时改正，并实现了对孩子的承诺。

下边的学生问道：“先生，请告诉我们这位父亲是谁吧，我们想认识他。”

“他已经去世了，不过他的那个儿子还活着。”福克斯说。

“那么，他的儿子一定是个诚实的人，请问先生，他的儿子现在在哪里？”

福克斯平静地说：“他的儿子就是我。”

然后又说：“我只想告诉大家，我愿意像我的父亲对待我一样，对待这个国家和这里的人民。”

说完，雷鸣般的掌声响起。

小小的阳光

给予关爱就像馈赠礼物一样，重要的是人内心的感受。

斯琳娜是一个可爱、善良又漂亮的小女孩。她的奶奶现在已经白发苍苍，脸上布满了皱纹。奶奶的身体一直很虚弱，常年卧床不起，不能下地行走，更不要说出门了。

她的父亲有一栋房子，房子建在山上，环境很幽静。

早上，阳光从南边的窗户里射进来，屋子里的每一件东西都披上了阳光，漂亮极了。人也沐浴在阳光里，舒服极了。可是，奶奶住在北边的屋子里，阳光从来照不进她的屋里。

一天，斯琳娜问父亲："为什么奶奶的屋里没有阳光呢？奶奶不是也是喜欢阳光吗？"

"亲爱的，太阳公公的头探不进北边的窗户。"她父亲笑着说。

"噢，这样啊。爸爸，我们把房子转个方向吧，那样的话，阳光不就可以照进奶奶的房间了吗？"

"亲爱的，房子不同于汽车，没有轮子，不好转。"爸爸说。

"那太阳怎样才能照进奶奶的房间呢？"斯琳娜问。

"我的孩子，你可以想想办法啊，给奶奶带一点阳光进去。"爸爸回答。

从那天开始，斯琳娜就不停地思考，绞尽脑汁，想着怎样才能把阳光带给奶奶呢？可是一直没有答案。

当她奔跑在田野里，快乐地玩耍的时候，花儿草儿都向她点头微笑。鸟儿欢快地歌唱，蝴蝶也翩翩起舞。世间万物好像都在说："我们热爱阳光！"

"如果把阳光带给奶奶，她一定很高兴。"斯林娜想。

一天早晨，她在花园里玩耍，太阳温暖明亮的光线照在了她的头发上、脸庞上。她低下头，裙摆上也有阳光。

"我可以用衣服把阳光包起来，"斯林娜想，"这样就可以把它们带进奶奶的屋子里。"她开心地跳了起来，跑到奶奶面前。

"奶奶，快看！我把阳光带进来了！"她叫着。紧接着，她打开了衣服，奇怪的是，阳光呢？她看不到一丝阳光，刚才那些阳光都藏到哪里去了。

"孩子，你的双眼正在散发着阳光呢，"奶奶和蔼地说，"阳光在你金色的头发里闪耀。你就是我的阳光。"

斯琳娜不明白为什么她的眼睛里可以照出阳光。看到奶奶这么高兴，她也很高兴。

为了给奶奶带去更多的欢乐，她每天在花园里玩耍之后，就跑去奶奶那里，用她的眼睛和头发，给奶奶带去阳光，带去温暖和幸福。

同情弱者

帮助别人的同时，自己也会得到快乐。教育孩子帮助他人，也是给孩子快乐。

祖母给了艾丽丝1美元，于是，艾丽丝第一次拥有了自己的钱，她赶忙把这些钱放在了自己最喜爱的那个小绿盒子里，像宝贝一样珍藏着。

艾丽丝还没有想好用这些钱做什么，不过她每时每刻都在想这件事情。直到那一天，她经过一个糖果店，透过商店的橱窗，她看到那里面有好多可爱的糖果。她终于想好自己该买些什么了。于是她急忙跑回家从那些钱里取出10美分，来到了食品商店前面。

站在食品店门前，艾丽丝激动难耐，她紧紧握着手里的10美分，抬脚要上台阶的时候，发现旁边有一个乞讨的小女孩，这个小女孩比艾丽丝小几岁的样子，她脸色苍白，可怜极了。艾丽丝想起了平时长辈总教育她要有同情心，要帮助需要帮助的人。

艾丽丝判断眼前这个脏兮兮的小女孩就是一个弱者，是需要帮助的人，于是艾丽丝朝那个小女孩走了过去，问道："你在看什么呢？"

那个乞讨的小女孩说："我想吃商店里的那个菠萝面包，我已经一整天没吃东西了。"说着就流出了眼泪。

艾丽丝站在那里，看着那个小女孩，好长一会儿，她想到自己虽然每天吃得不是很好，但却并不曾挨饿。于是她就跑到商店里，买下了那个菠萝面包送给那个小女孩，看着小女孩吃面包时的幸福劲儿，艾丽丝也很幸福，那种感觉比把诱人的糖果吃到自己嘴里还要甜蜜。

激发孩子的责任心

无论成年人还是小孩子，都需要有责任心，因为责任心能让一个人看到自己的行为对别人产生的影响，能够因此而得到别人的认同和尊重，从而产生一种自豪感。这对孩子的成长大有裨益。然而，这种责任心却不是自然产生的，它需要大人来引导，哪怕是一个无心的举动也可能将责任心激发出来。

对于孩子的责任心，作为父母却有两种截然不同的态度：有的父母经常抱怨自己的孩子缺乏责任心，从不为父母考虑；也有的父母觉得，小孩子还没进入社会，根本不需要什么责任心，责任心是大人才有的事。其实，这两种态度都是片面的。责任心对任何人而言都是非常重要的，孩子也不例外。

小杰克3岁，爱吃零食，贪玩贪睡，喜欢玩具……这些小孩子的天性与同龄人没什么分别。杰克的妈妈也是这样认为的，她一点也不觉得责任心这个名词会跟自己年幼的儿子扯上什么关系。可是有一件事却改变了她的这种想法。

就在这一年，杰克一家搬家了，他们到了一个新城市，杰克也开始上幼儿园。三个月后，杰克的幼儿园邀请他妈妈来开家长会。路上，妈妈跟杰克开玩笑："宝贝，妈妈刚来这里，哪里都还不熟悉，对你们的学校和老师更是十分陌生，妈妈很害怕，到时候你一定要帮妈妈哦。"

杰克听后很认真地对妈妈说："妈妈，放心吧！学校里所有的老师和小朋友我都认识了，连放学后接他们的爸爸妈妈我都认识，包在我身上好了！"

妈妈听了觉得很好玩，但也没放在心上。然而杰克却非常认真地履行着自己的承诺，他将妈妈带到会议室，并且介绍校长和老师给妈妈认识，还将所有的小朋友和他们的父母一一介绍给妈妈。

更让妈妈觉得不可思议的是，杰克将妈妈带到沙发前坐下，端来了一杯水给她说："妈妈，你先坐会儿，我去趟厕所，马上回来，你不要乱跑啊。"

杰克的举动让妈妈又惊又喜，没想到自己的无心之举会激发儿子如此强烈的责任感。并不是小孩子就没有责任心，而是父母没有给他们足够的尊重和信任，一旦这种责任心被激发起来，我们会发现其实每一个小孩做得都不比大人差，甚至比大人更认真、更优秀。所以，父母能够激发孩子的责任心，而激发的源头就是对他们的尊重和信任。

帮助他人，快乐自己

帮助别人比接受别人的帮助更使人高兴。

终于盼来了新年的第一缕阳光，埃米尔兴奋极了，他早早地就从床上爬了起来，迅速洗漱好，穿戴一番后就去给家人拜年了。房间里先后响起了埃米尔拜年的声音，然后他就又跑到街上向那些他遇见的每一个人说新年好。

做完这一切后，埃米尔回家了，父亲送给他2美元的新币，让他买一些自己喜欢的东西。

埃米尔可高兴了。他早就看上了书店里的几本精美的书，今天终于可以把它们买回来了。于是，他向爸爸说了声谢谢就向书店跑去。

跑在大街上的埃米尔突然看到这样一家人：衣衫褴褛，疲惫不堪，好像行走了很长时间。

“新年好！”埃米尔愉快地同他们打招呼。

“新年好，小伙子！”那一家人里爸爸模样的人回应道，声音有气无力。

埃米尔又看他的那些孩子们，似乎也都好几天没有吃过东西的样子，埃米尔觉得他们实在是太可怜了，就毫不犹豫地把手中的钱给了那个男人，然后又对他的孩子们说了声新年好就跑开了。

那家人非常感动，他们在埃米尔的身后喊道：“谢谢你，小伙子！我们会永远记得你是我们的恩人。”

埃米尔回到家里，父亲问他跑到书店都买了什么书，埃米尔低声说：“对不起，爸爸，我没有买书。”没等爸爸开口，埃米尔继续说：“我原本是打算买书的，可是我跑到大街上的时候遇到了一家穷人，他们已经饿坏了，我看着他们太可怜了，就把钱都给了他们。爸爸，那些书我可以等明年再买。还有哦，爸爸，你不知道他们接到我的钱时有多么高兴！”

“做得好，埃米尔！”父亲赞赏地说，“我这里有许多书，现在就把它们送给你吧，因为你做了好事，应当得到奖励。”

“我看到你在大街上把钱递给了那个可怜的人了，孩子，你这么小就能这样给予别人，是非常可贵的。爸爸希望你能够一直保持这种帮助他人的美德，那样你就会一直很幸福。相信你以后一定会成为一个高尚的人，埃米尔。”

看着爸爸赞许的眼神，听着爸爸肯定的语气，埃米尔非常高兴，更坚定了以后做好事的决心。

圣诞老人不用穿红衣服

让孩子学会付出而不求回报，最终会得到生活的丰厚回报。

丽莎正坐在妈妈的车里，跟着妈妈一起到城里购物。这时丽莎一直有一个问题想要问妈妈，这个问题已经困扰她很久了。丽莎还从来没有像现在这样将一件事情隐藏了这么久。

“妈妈……”丽莎看着正在开车的妈妈。

“啊？”妈妈一直看着前方很用心地开着车。

“我最近听同学说了一件事情，我知道不是真的，可是……”丽莎感觉到自己快要哭出来了，声音颤抖着。

“怎么了，亲爱的？”

“他们说世界上根本就没有圣诞老人。”丽莎虽然强忍着不哭出来，但是眼泪还是不听话地流了下来。“他们说笨蛋才会相信圣诞老人存在呢……因为这些都是骗小孩的把戏。”

“可是我觉得你告诉我的是对的，世界上是有圣诞老人的，对不对，妈妈？”丽莎眼神中透出渴望，因为她觉得妈妈是不会欺骗她的。

妈妈把车停靠在路边，并且回头看着坐在后边的小丽莎。因为在整个过程中，妈妈一直在汽车的镜子中看着丽莎的表情。

“丽莎，圣诞老人是真的存在的，学校的同学们说得不对。”妈妈说。

“我就知道一定是他们弄错了！”丽莎听到了自己渴望的答案，脸上露出了喜悦的表情。

“我还有更多关于圣诞老人的故事要跟你分享，你愿意听吗？”妈妈用很亲切的语气对她说。丽莎知道妈妈一定会有更加有趣的事情对她讲，而她已经做好洗耳恭听的准备了。

“从前有个人，他到处旅行，并且会把礼物送给应得的孩子。他有不同的名字，但他心中想的事无论在哪儿都是一样的。在北美，我们叫他圣诞老人。他用真心的礼物分享爱心的渴望。当你到了某种年纪，你就会懂得圣诞老人不再是从你烟囱上下来给每个小朋友分礼物的人。他的真正生命与精神永远存在于每个人心中。他的真正精神不在于你得到什么，而在于你给予什么。只要你知道这些，并且把它变成你生命中的一部分，每年的圣诞节会变得更加有意义，因为你已了解圣诞老人就住在你心中。你知道我在说什么吗？”

丽莎专注地望着车窗外。丽莎不敢看眼前这个一直告诉她圣诞老人真正存在的妈妈。丽莎一直认为这件事不会有什么不一样，所有的事情还是像去年一样，圣诞老人穿着红衣，给每个孩子送礼物。

“丽莎……”

丽莎把头转过去看着妈妈。

妈妈的眼中浸满了泪水，可那是快乐的眼泪。从丽莎来到这个星球之后，每个圣诞节都是她为丽莎费时选择特别的礼物。她会用魔术的方式在最短的时间组装自行车、小货车和其他杂物，她吃了丽莎精心为圣诞老人准备的饼干和牛奶。这就是圣诞老人。丽莎在这一刻终于明白了欢乐、分享和爱。妈妈紧紧地将丽莎抱进怀里，给这个女孩一个爱的肯定。两个人都哭了。

“现在你自己就是一个特殊团体，”妈妈说，“你从此以后，在每一天里，都会享受到圣诞节的快乐，圣诞老人会住在我们的心中。当圣诞老人在你心中的时候，那就是你的责任。这是你一生中会发生的最重要的事，你认为你可以做到吗？”

丽莎眼睛里闪烁着喜悦的光芒：“我要让圣诞老人永远住在我心中，因为我要像你一样，你是全世界最好的圣诞老人！我爱你！”

此时，丽莎已经暗暗在心中发誓，她将来也一定要把这些事情告诉她的孩子，并且相信他们也会像自己和妈妈一样做好圣诞老人的。

回　声

和蔼可亲本身就是美好和善良的，它能产生纯洁和爱。

查尔斯去野外郊游，他爬到一座山顶上，高喊：“喂！喂！”结果，刚停下来，他便马上听到山里传来同样的声音：“喂！喂！”

查尔斯有些惊讶，便大声问：“你是谁？”

他没有听到回答，只听到同样的问话：“你是谁？”

查尔斯有些生气，心想我问你你却不回答，反而反过来问我，于是他大声说：“你一定是个傻瓜。”同样的声音也以一种生气的语调传过来：“你一定是个傻瓜。”

为了找到那个捉弄他的小子，查尔斯几乎找遍了山上的每一个地方。

结果，根本没有找到人。该回家了，查尔斯很不甘心。回家后他便气愤地跟爸爸讲那个躲在山里捉弄他的男孩。

“查尔斯，”爸爸说，“哪有什么捉弄你的男孩子啊，那是你的声音啊！”

“怎么会呢，爸爸？”查尔斯惊奇地说。

“查尔斯，那是回音。”爸爸说。

“回音是什么，爸爸？”查尔斯更加好奇。

“你知道当你打球时，球砸到墙壁上还会弹回来吗？”爸爸问道。

“是的，爸爸，”查尔斯说，“它每次弹回来我都能把它抓住。”

“嗯，回声其实跟球反弹是一个道理。”爸爸说，“在空旷的地方，附近又有大山或高大的建筑物时，你大声地呼喊就会被反弹回来。于是，你就会听到你自己的声音。这就是回声，查尔斯。你所说的那个捉弄你的坏男孩永远都不会比你更加生气的。假如你说话温和一些，你听到的回声也必定是温和的。《圣经》上说‘温和能驱走愤怒’，无论你是对待回声，还是对待其他的人，都一定要记住这句话。”

“如果有人对你不礼貌地大声讲话，你一定要记着回声的故事，尽量和气地去对待那些人。回家后，发现你妹妹正在生气时，倘若你能够温和地同她说话，她就一定会慢慢露出笑容，并且说话也会变得和气起来。记住，查尔斯，无论在什么地方，你都要记住这句话。”

国王与三个儿子

宽容是一种美德，一旦具备了这种美德就会避免很多不必要的精神困扰，始终怀着一种愉悦的心情去生活；宽容是一种人生境界，能够做到宽容的人都是智力发达之人，他将看到广阔多彩的前景，能感觉到所有的人都在冲他微笑。家长应该帮助孩子培养一颗宽容的心，用爱，去看待仇视自己的人，爱能化解仇恨。

一位国王，有三个儿子，他感到自己年事已高，就决定把自己的王位传给三个儿子中的一个。可是，到底要传给谁，他犯难了。后来，这个国王终于想出了一个办法：他告诉三个儿子，他们每个人都要花一年的时间去游历世界，回来之后看谁真正做过高尚的事情，谁就可以继承王位。

一年时间很快就过去了，三个儿子陆续回到家中，国王要他们一一讲述自己的经历。

老大得意地说：“我游历世界时，遇到了一个陌生人。他对我非常信任，把一袋金币交给我保管，不幸的是那个人却意外去世了，于是我千方百计地找到他的家人，并把那袋金币原封不动地奉还。”老二也自信地说：“我旅行到一个贫穷落后的村落，看到一个可怜的小乞丐掉到湖里了，于是我立即跳下马，从河里把他救了起来，并送给了他一笔钱。”老三犹豫了一下，说：“我，我没有遇到哥哥们遇到的那样的事情，不过我在旅行的路上却遇到了一个人，他总想得到我的钱袋，一路上千方百计地害我。我差点被他害死。可是有一天我经过悬崖边，发现他正好在悬崖边的一棵树下睡觉，当时只要我抬一抬脚就可以毫不费力地将他踢下悬崖，可是后来我觉得不能这么做。刚要走，却又一想睡在这里会很危险，担心他一翻身就掉下悬崖，于是就把他叫醒了，然后我们继续赶路。这实在算不上是什么有意义的经历。”国王听完孩子们的经历后，点头说道：“诚实、见义勇为都是一个人应该具备的品质，称不上是高尚。然而对于一个一再加害自己的人，有机会报仇却放弃，还帮助对方脱离险境的宽容之心才是最高尚的。我的王位是老三的了。”

因为孩子知道

孩子们知道诚实和撒谎是不同的，知道对和错是不同。所以在孩子面前，父母做每一件事都应该慎重，因为孩子是知道评价和效仿的。

周末，路易斯先生带着他的两个儿子去打迷你高尔夫球。来到售票柜台，路易斯先生问道：“请问一张门票多少钱？”

“大人的门票是一张200美元，7岁以上的小孩子也跟大人一样要200美元，刚好7岁或小于7岁的小孩子是免费的，请问，您身边那两位小伙子多大了？”售票小姐说。

路易斯先生看了看那两个小家伙说：“你看，那个未来的足球明星是5岁，那个未来的律师已经8岁了，所以，我想我得付400美元了。”

那位售票小姐笑着说：“嗨，先生，您是不是中了什么大奖了？其实您只要告诉我较大的那位小伙子7岁，您就可以省下200美元了，我又看不出那位未来的律师先生到底是7岁还是8岁。”

史密斯先生笑着说：“是的，你说的没错，你看不出这有什么不同，可我的孩子们却知道那是不同的。”

列宁写信认错

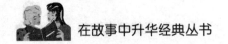

所谓“人之初，性本善”，每一个孩子都有一颗善良的心，当他撒谎时，也会受到良心的谴责。作为父母，一定要始终维护孩子的这颗善良的心，时间长了，诚实的品德自然会建立起来。

列宁小时候是个好动的孩子，他经常弄坏家里的东西。

8 岁那年的一天，他跟妈妈上姑妈家做客。向来好动的小列宁一不小心就把姑妈家的一只花瓶碰到地上摔碎了。庆幸的是，没有其他人看到。小列宁忙离开了那个房间，等到姑妈去打扫房间的时候，才发现花瓶被打碎了，她问孩子们：“是谁不小心把花瓶打碎了呢？”其他孩子纷纷说：“不是我！”列宁因为担心被批评，也像其他孩子一样大声地说：“不是我！”

妈妈却从列宁的表情中看出花瓶是列宁打碎的，面对孩子这样的过错，该怎样对待呢？妈妈想了想：最省事的办法就是直接揭穿并对其进行处罚，然而妈妈并未这样做。列宁的妈妈认为，处罚并不是关键，关键是要看他在犯错后是否能够认识到自己不诚实的行为。于是妈妈决定装作自己什么都不知道的样子，就这样一直过了三个多月。她敏感地意识到，小列宁正在忍受着良心的折磨。

这天临睡前，妈妈又像往常一样，坐在床头给小列宁讲故事。没想到刚开始讲不久，小列宁就突然失声大哭起来，他痛苦地说：“妈妈，姑妈家的花瓶是我打碎的，当时我欺骗了姑妈。”听到孩子羞愧难受的述说，妈妈忙安慰道：“那就给姑妈写封信吧。向她承认错误，请求她的原谅。”

列宁马上从床上下来，走到书桌旁，在妈妈的帮助下，给姑妈写信承认了错误。

然后，小列宁就忐忑不安地等待着姑妈的回信。终于，几天后姑妈寄来了回信。在信中，姑妈不但表示原谅列宁，还夸他诚实。

得到姑妈的原谅后，列宁轻松多了，从此，他又像往常一样快乐起来了。而且，一天，他在临睡前悄悄地对妈妈说：“妈妈，做诚实的人真好，不用受良心的谴责。”

华盛顿与樱桃树

承认错误是需要勇气的，尤其是当孩子知道也许因此会受到惩罚的时候。然而，当孩子真正具备了承担责任的勇气时，人生的旅途中就没有任何困难可以吓倒他。

乔治·华盛顿童年是在弗吉尼亚的一个农场中度过的。为了让儿子长大后能学会种田、放牛养马，父亲总是教他骑马，并经常带着他到农场干活。

华盛顿先生拥有一个很漂亮的果园，里面有苹果树、桃树、梨树、李子树与樱桃树。有一次，华盛顿先生从大洋彼岸买回来一棵优质品种的樱桃树。他非常喜欢这棵樱桃树，将这颗树种在果园的边上，并告诉农场里所有的人要爱护它，不能让任何人碰它。

这棵樱桃树长得很快。春天来了，树上开满了白花。散发出阵阵芬芳，许多蜜蜂辛勤地忙碌着围在它的旁边采蜜。华盛顿先生心里非常高兴，因为他认为用不了多长时间就可以吃到樱桃树结的果子了。

就在这时，有人送给乔治一把非常漂亮的斧子。乔治很喜欢这把斧子，于是他拿着它砍树枝、砍篱笆，砍所有的东西。一天，他手拿斧子，一边想着它有多么锋利，一边来到果园边上种有樱桃树的地方，举起斧子就砍。由于樱桃树皮很软，乔治很快就把树砍倒了。接着到别的地方玩去了。

那天傍晚，华盛顿先生忙完之后，把马牵回马棚，再次来果园看他的樱桃树。不曾想到自己心爱的树被砍倒了，他惊呆了，几乎不敢相信自己的眼睛。是谁有这么大的胆子敢这样做？他问了果园中的所有人，但谁都不知道。

就在这时，乔治刚好从旁边经过。“乔治，”父亲生气地高声喊道，“你知道是谁砍死了我的樱桃树吗？”

这个问题可把乔治给吓住了，看到如此愤怒的父亲，他意识到自己闯下了祸。他哼哼叽叽的，但很快恢复了神情。“我不能说谎，爸爸，”他说，“是我砍的。”华盛顿先生看着乔治。乔治脸色煞白，但是他也看着父亲。“回家去，儿子。”华盛顿先生严厉地说道。

乔治走进书房。他心里非常难过，同时也感到非常惭愧。他知道自己实在是太冲动了，做了傻事，难怪父亲会生气。

过了一会儿，华盛顿先生来到书房。“孩子到这里来。”他说道。

乔治乖乖地走到父亲的身边。华盛顿先生静静地看着他：“告诉我，儿子，你为什么要砍那棵树？”

“当时我只是想到玩，没想到——”乔治结结巴巴地说道。

“现在树就要死了，我们也将永远吃不到樱桃了。更糟糕的是，我叮嘱你一定要看好这棵树，而你却没有做到。”

乔治感到更加惭愧，脸红红的，低着头，眼泪都要出来了，哽咽着说：“对不起，爸爸。”

华盛顿先生手扶孩子的肩头。“看着我，”他说道，“失去了一棵树，我感到非常难过，但我很高兴你有勇气向我说实话。我宁愿用一个种满枝叶繁茂樱桃树的果园来换一个勇敢诚实的孩子。一定要记住这一点，孩子。”

从此以后，乔治·华盛顿从没有忘记这一点。他一直像小时候那样勇敢，受人尊敬，直至生命结束的那一刻。

一次错误的勇敢表现

倘若孩子因冲动而做了错事，家长应该及时帮他纠正。

下雪了，卡尔、哈利和杰克一同出去玩，在路过一所学校时。哈利突然说：“如果用一个雪球砸一下教室的门，里面的老师和学生肯定都会被吓一跳的，这一定有意思极了。”

杰克一听也随声附和道：“好极了，我想这肯定很好玩，可是如果我们被抓住，那可就惨了。如果被家里知道了，就糟糕了，我爸爸皮鞭的滋味可不是好受的！”

哈利一脸的不在乎，说：“我们怎么会让他们抓住呢？谁不知道卡尔跑步最快了，就让他来干这件事好了，肯定不会有什么问题的。”

杰克一脸诡异地笑道：“等一下，你刚才说什么，让卡尔去做？是说让卡尔去做吗？对，他的确跑得很快，可是他是有名的胆小鬼啊，难道你不知道吗？”

哈利听出来杰克在激卡尔，于是他走到卡尔跟前说：“来，卡尔，拿着这个雪球，让杰克瞧瞧你不是胆小鬼。”

卡尔说：“不是我不敢，只是我不认为这有什么好玩的。”

杰克鄙夷地说：“别狡辩了，我看你根本就不敢！”

被他俩说得无奈之余，卡尔只好拿起雪球，朝教室的窗户重重地砸去，当老师和学生跑出来看个究竟的时候，卡尔像风一样地跑了。

哈利和杰克在他身后大声地笑着，边笑边说：“卡尔真是个傻瓜，他被我们耍了！”回到家里，卡尔越想越觉得自己做得不对，他非常后悔，就把这事告诉了妈妈，妈妈听后，和蔼地对他说：“亲爱的，一个真正勇敢的人，应该知道什么事该做，什么事不该做。不要太在乎别人的说法，你应用自己正直的行动让他们感到惭愧，而不是被他们怂恿着去做自己并不想做的事情。”

听了妈妈的话，卡尔飞奔到学校，勇敢地向那个班的老师和学生承认了错误。

用劳动赔偿一本书

犯错并不可怕，可怕的是没有勇气承担错误，只有有勇气承担责任，才可以做一个优秀的人。

关于亚伯拉罕·林肯少年时期的所有故事，都非常有趣，因为这时的每一件事，都在为其辉煌的将来打基础，也就在这时他的思想与性格逐步形成。

亚伯拉罕 17 岁的时候，经常喜欢躺在树阴下或小屋的顶棚上写写画画、读读书、做做算术题等。晚上，他爱坐在壁炉旁，借着火光在木制的铲子上写写算算。铲子写满后，他就用刮刀刮掉外面的那一层，然后重新开始写。白天的时候，他也在木板上做着同样的事情，反反复复。

他的继母经常对人说：“亚伯拉罕读书非常刻苦认真，看到什么书就读什么书。他读到感觉很好的内容时，如果没有纸，他就会写在木板上，保存着，直到找到纸将它抄下来。之后，还一边看，一边默记。他另外还有一本类似剪贴簿似的本子，里面记下各种事情，将本子保存完整。”

青少年时的他，常常和大人一起赤着脚下地干活，挖地、耕地、收割、打捆、种玉米、收玉米、剥玉米皮等。虽然很辛苦，但是每次干完活回家后，他还是习惯性地走到碗橱旁，拿一块玉米饼，再拿一本书，坐在椅子上，把腿翘得与他的头一般高，然后开始读书。

由于当时能看到的书微乎其微。亚伯拉罕根本无法选择，只能找到什么看什么。有一次，亚伯拉罕从邻居那里借来了一本威姆斯撰写的《华盛顿生平》。亚伯拉罕很喜欢那本书，视若珍宝，只要一有空闲的时间，就会拿出来读。不读的时候，他就会把书放在小屋中某一个地方，只有那样才能放心。然而糟糕的是，就在他放书的书架后面，墙壁的木头中间有一个大裂缝。有一天晚上下起了大雨。雨水通过裂缝渗进来，把亚伯拉罕借来的书全都打湿了。亚伯拉罕感到很惭愧不安，因为这本书无论是对他还是对书的主人，都是非常重要的。

他拿着那本书，怀着沉重的心情来到邻居家，准备接受惩罚。

“嗨，亚伯拉罕，这么早就来我家有什么事吗？”邻居有些奇怪。

“我要告诉您一个不好的消息。”亚伯拉罕因为惭愧而脸红。

“发生什么事情了？”

“还记得您借给我的那本《华盛顿生平》吗？”亚伯拉罕鼓起勇气说。

“噢，记得。”

“我不小心放错了地方，所以昨晚的大雨把它给弄成了这个样子。”亚伯拉罕一边递过那本湿透的书，一边解释事情的经过。

“真是糟糕！你必须赔偿我的损失，亚伯拉罕。”

“是的，先生，如果我有钱，我会赔偿您的。”

“你可以通过劳动来赔偿，如果你没有钱的话。”邻居说。

“好吧，我一定听从您的吩咐。”

于是他们达成了协议：亚伯拉罕必须为邻居劳动三天。亚伯拉罕工作了三天，偿还了所有的债务。也许有些人会认为那位邻居这样惩罚亚伯拉罕有些过分，可是亚伯拉罕却始终认为这样做非常公平，他很高兴可以为自己的失误付出相应的代价，并且一点都不觉得丢面子。

学会负责

孩子在无意中犯了错误时，作为父母，一定要教导他对自己的错误负责。

在儿子很小的时候，塞德兹经常带他到安迪斯大街上玩耍，因为那里不仅有许多不同风格特色的表演，还有许多令孩子们感兴趣的小玩意儿。

后来，小塞德兹一天天长大，他可以自己去那里玩了。小塞德兹和瑞普是好朋友，一天，他们结伴去安迪斯大街看艺人表演。

他们被各种好看的玩意儿所吸引。他们高兴极了，边看那些新鲜玩意儿，边讲述自己的梦想，就在他们陶醉在幸福的梦想中时，被一个比他们大很多的孩子挡住了去路，那个大孩子一把抓住瑞普，说："小子，刚才你们为什么欺负我的小兄弟？"说着指了指他身旁的一个小孩子。

"我们根本不认识他，怎么会欺负他呢？"瑞普不解地说道。

"喂，我们怎么欺负你了？"小塞德兹喊了起来。

"刚才，你们撞了我一下。"小孩子傲慢地喊道。

这时，小塞德兹才回想起不久前，可能是由于他和瑞普都太兴奋了，在蹦蹦跳跳的时候不小心碰了一下那个孩子。

"哦，我想起来了。我们不是有意的，不小心才碰到你的，对不起。"小塞德兹马上道歉。

"把你们身上所有的钱都拿出来赔偿我的小兄弟。如果你们不愿意，有你们好受的。"大孩子根本不接受道歉。

瑞普胆怯了，他对小塞德兹说："我们……还是……给他们钱吧！"

"不行，又不是什么大事情，再说了我们都已经道歉了。绝不可以！"小塞德兹坚决地否定了瑞普的提议。

大孩子一听，便上前用力推了小塞德兹一把，于是双方就打了起来，虽然瑞普有些胆怯，但他还是进行了自卫。最后，小塞德兹扔过去一只铜壶，砸到了那个大孩子。

回到家后，小塞德兹向父亲讲述了事情的经过。

"其实，在那种情况下，一味地忍让是不行的，人不能太懦弱。"父亲说，

“你反抗和自卫没错，不过用那么坚硬的东西打人家，容易伤到人的，这不太好。”

“是的，爸爸，我也正在因此而后悔呢。我实在不应该为了这点小事就把他伤成那样。”小塞德兹懊悔地说。

“孩子，不要再想这些了，虽然你的确是出手重了，但这也不能全怪你，在那种情况下，你几乎没机会选择。再说，这事本来是那个大孩子仗势欺人，他不讲理，争端是由他引起的。”塞德兹耐心地劝导着儿子。

“唉，爸爸，我真后悔。”儿子叹气道。

“不，孩子，你不应后悔，既然已经发生了这样的事情，你就只能选择去面对。”为帮助儿子从懊悔的情绪中挣脱出来，塞德兹还说：“敢于承担自己行为后果的人是勇敢而坚强的人，而那些只为自己的行为后悔的人则是没有骨气的俗物。”

从此，儿子不仅懂得了做事要谨慎，还知道应当为自己的行为负责。

承担责任

对孩子明显的错误、明知故犯的错误和性质严重的错误，一定要严肃批评，并让其承担责任，直到他改正为止。

小杰克正在自家花园里玩足球，兴奋之余，一脚把足球踢到了邻居家的花园中，打烂了一盆雏菊。看到自己闯了祸，小杰克害怕了，不知所措中，他赶忙叫爸爸去拾球，可是爸爸却要小杰克自己去，并告诉他这样的事情应当首先去道歉，还要拿上一盆同样的雏菊作为赔偿。

迫不得已，小杰克捧着一盆雏菊很不情愿地向邻居家走去。邻居史密斯夫人正在洗衣服，她看见小杰克泪水盈盈的样子，就没有责备他，也没有留下那盆雏菊，而且史密斯夫人还跑回屋里拿了一盒巧克力送给小杰克。

小杰克高高兴兴地回家了，爸爸见他虽然泪水未干，可是已经很高兴了，又见作为赔偿的雏菊被抱了回来，而且小杰克手里还多了一盒巧克力，便明白了。他立即去了邻居家，找到史密斯夫人说：“史密斯夫人，我的儿子打坏了您的花，他犯了错，我想教育他，请您配合一下，犯了错误的孩子不应得到奖励。”

于是，他又返回家中，要小杰克拿着巧克力和鲜花去史密斯夫人那里道歉，并赔偿那盆花，同时把巧克力归还。

过了两天，这位父亲才找到了一个可以奖励儿子的机会奖励了一盒巧克力给小杰克。

壁炉旁

劳动是比单纯的玩耍更有意义的事情。

格林夫人和她的两个小女儿围坐在暖暖的壁炉旁。两个小女孩都在缝东西，格林夫人则在忙着织毛衣。

终于完成了自己手上的活儿，洛蒂轻松地伸了伸懒腰。然后她看着壁炉发了一会儿呆，说：“噢，妈妈，我感觉今天的火比平时大很多。我太喜欢听火在壁炉里燃烧时发出的噼噼啪啪的声音了。”

“亲爱的，”妈妈说，“一定是因为你们今天晚上感觉比平时快乐的缘故。”

“可是妈妈，”凯蒂说，“我还是不明白为什么我们今天晚上会比往日快乐呢。昨天玛丽表姐还在这里与我们一起玩‘推人进墙角’的游戏呢，那时候我们也感到非常快乐。可是为什么那时候我却没发现壁炉的火比平时大呢？”

“我知道原因了！”洛蒂抢着说，“因为今天晚上我们在做一些非常有意义的活儿。我们之所以感到幸福，就是因为我们可以帮助亲爱的妈妈干活儿了。”

“说得对，亲爱的，”妈妈微笑着说，“我很高兴你们能够认识到这一点，做一些事情要比单纯地玩耍更令人快乐，也受益无穷。”

学会谅解

谅解是良药，它能化解矛盾，使人和谐相处。

一天，妈妈带着儿子去逛街。在公交车上，一位青年挤进了车厢，那青年的大包把那位妈妈撞到了一边。

儿子赶忙扶住妈妈，关切地问："妈妈，你有没有受伤？"说着，还瞪了那位青年一眼，大声说："撞到我妈妈了，真是太可恨了！"

妈妈赶忙制止儿子道："叔叔不是故意的，你这样说话就不对了。"那位青年也连声道歉。儿子为自己刚才的行为感到有些不好意思。

过了几天，妈妈去学校接儿子回家，把儿子抱上车的时候，突然发现儿子的手指破了皮，血刚刚凝固。妈妈很心疼，赶忙把儿子带到附近的诊所，进行了一番消毒包扎。然后又返回学校问老师到底发生了什么事情，老师毫不知情，因为老师说既没有看到孩子来报告，也没有听到孩子哭过。

妈妈有些不解，问儿子："为什么不告诉老师呢？"

儿子说："妈妈，小朋友不是故意的！就为这事，他已经感到害怕了，我要是再去告诉老师，他会更自责的。"

妈妈和老师的脸上都出现了惊喜的表情，妈妈高兴地说："太好了，儿子！你已经学会谅解别人了。"

杀猪教子

要教育出守信用的孩子，首先父母必须守信用。

曾子是孔子的学生，他是一个诚实的人。

一天早晨，曾子的妻子要去集市上买些东西。正要出门的时候，儿子追了上来，听说母亲要去集市，他也非要去。

曾子的妻子觉得带着孩子去太麻烦了，就对儿子说："我是到集市上办事的，并不是去玩的！"

儿子根本听不进去这些，只是哭闹着要跟去。

曾子的妻子怎么说都不行，正在为难的时候，听到了自己家养的那头小猪的叫声，她又想起儿子最爱吃肉了，于是就随口说："儿子，你乖乖地在家里跟父亲玩，等我回来，把那头小猪杀掉，给你炖肉吃！"

听到这些，儿子才勉强答应不去集市了。

转眼，天就快黑了，曾子的妻子匆忙赶回家。还没有进家门，就听到小猪的叫声和磨刀声，紧跑两步进了家，发现曾子正在院前的大树下把小猪绑了起来，准备杀猪，儿子站在一旁看着。

曾子的妻子赶忙上前制止道：“这猪太小了，怎么可以现在就杀掉呢？”

曾子指了指站在一旁的儿子，问妻子：“难道你忘了早上走之前你对儿子说的话了吗？”

“那些话啊，都是跟孩子说着玩的。你一个大人，怎么能当真呢？”

曾子一听妻子这么说，便立即劝说道：“父母是不能欺骗孩子的。他的年龄小，不懂事，就只会效仿父母的样子，相信父母的话。如果今天我们不兑现承诺，孩子就必然会学会说谎。而且，他以后也不会再相信咱们的话啦。”

妻子好好想了一下，认为曾子说得句句在理。就真把那头小猪杀了给儿子炖肉了。

有人看到你了

任何不诚实的行为都无法长久隐藏，家长更应该以身作则。

正值玉米成熟时节，一个人想从别人地里偷一些玉米，他认为只要自己从每一家地里偷一点儿玉米的话，就不会有人察觉。于是他选了一个晚上，偷偷带着儿子离开家，往庄稼地里走去。

到了别人家的玉米地里以后，这个人压低声音对儿子说：“听着，你就站在这里看着人，一有人来就大声喊我。”

儿子点了点头。

这个人钻进别人家的玉米地里开始掰玉米。不久，就听到儿子喊道：“爸，有人看到你了！”

听到儿子的喊声，这人吓了一跳，他紧张地看了看四周，没有一个人影。于是他迅速把掰下的玉米收起来，然后走进另一家玉米地。

又是掰了没多久，就听到儿子大声喊：“爸，有人看到你了！”

这人又紧张起来，停下观望了四周，却依然没有发现一个人影。于是他又把这里掰的玉米收好，去了第三块玉米地。

又像前两次那样，儿子大喊：“爸，有人看到你了！”

这人又赶忙停下手中的活，向四周看了看，结果还是没有看到人。于是赶忙收好掰下来的玉米，然后又进入第四块玉米地。

“爸，有人看到你了！”儿子又大叫起来。

这人赶忙停止收割，四下张望，还像前几次那样根本没有人。这让他很生气，就质问儿子：“怎么总说有人看到我了？人在哪儿呢？”

“爸，”那孩子低声说道，“有人从天上看到你了。”

奖章与玩具

眼前的成就只能说明过去，过去的辉煌并不意味着将来也壮观。倘若沉浸其中，就会停滞不前。

一天，有位朋友去拜访居里夫人，刚进门，就看到居里夫人的小女儿正在玩一件很有意思的东西，走上前去一看，是英国皇家学会发给居里夫人的金质奖章。

朋友很惊讶，忙问居里夫人：“夫人，那枚金质奖章可是英国皇家学会发给您的，这是您至高的荣誉啊！可是您却把它给孩子当玩具！”

“我是为了让孩子从小就明白：荣誉就好比玩具，只能玩玩而已，而绝不能永远守着它，否则，将不会再有任何成就。”居里夫人笑着说。

警惕第一次饮酒

任何习惯都是从小养起的，要警惕养成坏习惯。

小克鲁斯最喜欢威斯特叔叔了，每到周末，他都会让爸爸带着他去威斯特叔叔家，缠着威斯特叔叔给他讲故事。

“威斯特叔叔，今天天气很好，我们先去散步吧。”

“好啊，克鲁斯，我还有个故事要给你讲呢。”

小克鲁斯一听，高兴极了，他和威斯特叔叔走在林荫道上，边走边聊天。

“威斯特叔叔，快点给我讲故事吧。”

“你认识可怜的老汤姆·史密斯吗？”威斯特叔叔问道。

“当然认识了，他是一个酒鬼。”

“是的，就是他。他跟我的年纪差不多，我们小的时候，他还是一个好孩子呢。后来，因为家里贫困，他就不得不离开学校去帮助家里做一些活儿。更不幸的是他辍学不久，他的父亲便去世了，为了养家糊口，他就去城里的一家杂货店打工，就在那里，他变了。

刚开始的时候，他在那里白天工作，晚上坚持自学。可是后来却学会了打牌，然后就去赌博，结果是输多赢少。在欠下一身债后，他才给他穷困的母亲写信说他的钱都输光了。他的母亲立刻给他寄钱让他还债，并要求他回家来。于是，他回家了，大家也都原谅了他的错误。他又开始快乐地生活了，他有了满意的工作，有了漂亮的妻子，有了可爱的孩子。

可是克鲁斯，你知道吗，他还是成了现在这个样子。因为他在城里学会了喝酒。回家后，他似乎已经改掉了这个坏习惯。可是后来，他还是禁不住酒精的诱惑，尽管他也知道这样不好，于是，他再次酗酒。家人多次劝他都无济于事。一段时间后，他的母亲悲伤而羞愧地死去了，然后他的妻子也因彻底失望而变得精神抑郁，没多久，也去世了。孩子被外婆家的人带走了。

他因失去了所有的尊严而变得更加糟糕，成了一个地地道道的酒鬼。前天，他因偷窃而被送进监狱，判了15年。恐怕他快要死了，因为他已经老了。这让我总是想起几年前他对我说的那句话：‘警惕第一次饮酒。’

克鲁斯，等你威斯特叔叔去世后，你一定不要把这个故事忘了啊。一定要警惕第一次饮酒。这样才不会成为酒鬼。”

克鲁斯用力地点了点头，他把威斯特叔叔的话铭记在心里。

钓　鱼

浮躁，往往不能很好地做一件事。父母应该帮助孩子培养踏实的作风。

这天，汤姆第一次从爸爸手里接过鱼竿，同他一起穿过树林去钓鱼。经验丰富的爸爸深请何处小狗鱼最多，爸爸特意把汤姆安排在了最有利的位置上。汤姆就学着别人钓鱼的样子，甩出钓鱼线，宛若青蛙跳动似的在水面疾速地抖动鱼钩上的诱饵，然后急切地等候鱼儿上钩。好长时间过去了，没有任何动静，小汤姆不免有些失望。

“再耐心等等。”爸爸鼓励他。

忽然，诱饵消失了。

“这下可算上钩了，”汤姆心想，“总算有收获。”于是他猛地一拉鱼竿，没想到扯出的却是一团水草……

就这样，小汤姆一次又一次地挥动发酸的手臂，把钓线扔出去，但是每次提出水面都是空空如也。他向爸爸投出恳求的目光。

“再试一遍，”爸爸若无其事地说，“钓鱼就要有耐心才行。”

突然，汤姆感觉好像有什么东西在拽钓线了。他连忙往上一拉鱼竿，一条逗人爱的小狗鱼在璀璨的阳光下活蹦乱跳。

“爸爸！”汤姆欣喜若狂地喊道，“我钓了一条小狗鱼！”

“别高兴得太早。”爸爸慢条斯理地说。他的话音未落，那条惊恐万状的小狗鱼鳞光一闪，便箭一般地射向了河心。

钓线上的鱼钩不见了。

小汤姆非常伤心，他沮丧地坐在草滩上。爸爸走过来重新替他缚上鱼钩，安上诱饵，然后又把鱼竿塞到他手里，建议他再碰一碰运气。

“记住，小家伙，”爸爸意味深长地说，“在鱼还没有被拽上岸之前，千万别吹嘘你已经钓到了鱼。我曾不止一次看见许多大人在很多场合下都像你这样，结果干了蠢事。当然了，纵然是办成了也无须自夸，而应该沉下心来，踏踏实实地去做。要知道，我们做事不是为了向别人吹嘘。”

世界上最幸运的人

激励，对一个孩子而言，是种无形的智力补品。得不到激励的孩子，很容易沦为失败者。家长应该拿出自己的细心和耐心，学会正确地激励自己的孩子。

这是一个穷苦的家庭，爸爸拼命工作都不够一家人的温饱，饥饿时刻威胁着他们，儿子也知道生活的艰辛，一直都很懂事。

突然有一天，儿子闷闷不乐地回到家。父亲感觉到了孩子的异常，便关切地询问儿子发生了什么事，为了不让父亲为难，儿子始终不肯说，最后，还是拗不过父亲的追问，他才吞吞吐吐地说："同学们都有自行车，只有我没有……"

又过了几天，儿子兴奋地跑回家说："爸爸，快给我两块钱。我要去玩转盘游戏，那转盘上有自行车。"

看着儿子渴望的眼睛，父亲二话不说，就把钱递给了儿子。

儿子欢天喜地出去后却垂头丧气地回来。

"噢，爸爸，我是这个世界上最不幸的人。"儿子沮丧地说。

看着儿子失落的样子，父亲意识到自行车对儿子的重要性，他若有所思地转身走了。

第二天一大早，父亲就把儿子叫醒，又给了他两块钱，让他再去试试运气。儿子虽然有些迟疑，但还是在父亲的鼓励下去了。结果，他中了自行车，他兴高采烈地跑回家，上气不接下气地跑到父亲跟前，说："爸爸，我是这个世界上最幸运的人，再大的困难也难不住我了……"

若干年后，儿子事业有成。但是那辆自行车始终被他保存着。每当遇到挫折，他都会想起那辆中奖的自行车，想起自己是这个世界上最幸运的人。

直到那一天，父亲感到自己将不久于人世了，便把儿子叫到床边，用微弱的声音说道："孩子，你知道你的那辆自行车是怎样中的吗？"

儿子困惑地看着爸爸。

"那是爸爸花钱买的。为了给你买那辆自行车。我跑遍了亲戚朋友家，终于借够了钱。因为，我不想破坏你的感觉，不想让你认为自己是这个世界上最不幸的人。为此，我辛苦了10年，才把钱还清……"

杰克的财富

贫穷并不可耻，金钱并不是财富的全部，许多东西是金钱买不来的。让孩子从小就明白这一点，做一个实在的人。

杰克和乔恩是好朋友，乔恩家里很富有，他们一家人住在一幢漂亮的大房子里，他们去教堂时还会坐漂亮气派的马车，会引来全镇人羡慕的目光。

这天，乔恩告诉杰克他们又要坐着马车去教堂了，于是杰克再也没有心思玩了，他跑回家，走到妈妈跟前说："知道吗，妈妈？乔恩的两个口袋里都装满了钱。"

"是吗？亲爱的。"妈妈抚摸着杰克的小脑袋问道。

"是的，妈妈。他还告诉我，只要他想要，他就还会有更多的钱。"

"噢，那很好。"妈妈随便地说，"非常好，是吧？"

"是的，妈妈，是很好。可是——"

"可是什么，孩子？"

"嗯，他有一辆玩具马车、一块手表，还有旋转的木马，还有好多好多好东西。"杰克的语气有些失落地继续说，"只是我想我们很穷，是吗，妈妈？"

"不是的，杰克，我们并不是很穷，只是我们没有乔恩家富有而已。"

"不，妈妈，我就是很穷，是的！"杰克看着妈妈，更加难过。

"是的，妈妈，我几乎什么都没有，我是说那些值钱的东西，除了平常的吃的和穿的用的，那些必须拥有的东西我都没有。"杰克苦恼地继续说。

"必须拥有的东西？"妈妈突然意识到问题的严重性了，她停下了手中的活儿，准备认真地同儿子谈谈。

来访的约翰叔叔听到了这一切。"杰克，"他说，"我最近遇到了一个难题，想研究一下人的眼睛，要是你愿意把你的眼睛给我用来做研究的话，我会给你5美元。"

"约翰叔叔，您说什么？要我的眼睛？"杰克大声喊道，他不敢相信自己的耳朵。

"是的，"约翰叔叔平静地说，"我可以给你麻醉，一点都不会疼，然后给你戴一副玻璃眼球。快点，小伙子，2.5美元一只，慢了会降价的。"

"我想恐怕不行，约翰叔叔。我不能把我的眼睛给你！"杰克有些受惊，他坚决地摇着头。

"这样好了，15美元如何？……30美元……50美元呢？"杰克始终摇头。

"约翰叔叔，就算您给我5 000美元，我也决不让您把我的眼睛取走。

没有了眼睛我就再也看不见妈妈，看不见花草，也看不见漂亮的马车了，我就什么都看不见了。”杰克越来越激动了，好像他的眼睛已经被约翰叔叔取走了似的。

“我给你 8 000 美元好了。”约翰叔叔不肯罢休，边说边从口袋里把一卷支票掏出来。杰克后退了几步，然后大声地说：“约翰叔叔，我决不能把眼睛给您！”

“那么好吧，”约翰叔叔神情严肃地说，他找来一个本子，在上边边写边说：“我不能给你高过 8 000 美元的价格，只好放弃你的眼睛了。”

“不过，如果你肯让我把这瓶子里的东西滴几滴到你耳朵里，我就会给你 50 美元。这没有一点痛苦，只不过会让你变聋。因为我想做一个关于耳聋的实验。快决定吧，这里的 50 美元就归你了。”

“什么？”杰克非常生气。

他根本就不看约翰叔叔放在桌子上的那些钱，只是大声喊道：“这是不可能的，假如我聋了，我就什么都听不见了。不是吗？”

“是的。”约翰叔叔说。

杰克再次坚决地拒绝了，他说：“不，1 万美元也不行。”

约翰叔叔又在本子上写了些什么，然后出更高的价要“杰克的双手”“双脚”“鼻子”，最后还出价 20 万美元要杰克的“妈妈”。

杰克拒绝了约翰叔叔所有的提议。最后约翰叔叔说他不得不放弃他的实验了，因为杰克的价格实在是太高了。

一听约翰叔叔这么说，小杰克的情绪才稳定了下来。

“上帝！杰克，快过来看看！”约翰叔叔看着他手里的笔记本，“这可是一大笔钱啊！”他把所有的数目加起来，一共是 32 万美元。

“看看，杰克，”约翰叔叔说，“这么大的一笔钱，放弃的话可就太可惜了。”

“不，约翰叔叔，我不要这些钱。”杰克十分坚决。

“可是，”约翰叔叔说，“我刚才还听见你说你很穷呢，既然穷，为什么又不用你所有的东西来换取这 32 万美元呢？”

杰克也不知道该如何回答约翰叔叔的问题，他只是紧紧地抱着妈妈，说道：“妈妈，上帝真是太好了，他让我们每个人都那么富有。”

骄傲的汤姆

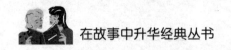

骄傲自满容易使孩子迷失自己,而父母过重地表扬更会让孩子忘乎所以。为了孩子的发展，家长应该适时诱导孩子走出这种误区。

汤姆已经上小学四年级了，他聪明勤奋，总是得到老师的表扬。这一次，班里举行诗歌朗诵比赛，他又得了班上的最佳朗诵奖，他太高兴了。蹦蹦跳跳地回到家后，他把那份朗诵稿给女佣看，并得意地说:“玛莉小姐，你能不能朗诵一段给我听听呢?”

女佣忙接过汤姆的朗诵稿，看了好久，然后不好意思地说:“对不起，汤姆，我不认识这些字。”

汤姆一听，愈加得意，于是他冲进书房，对父亲喊道:“爸爸，玛莉小姐不认识字，可是我才上四年级就得了最佳朗诵奖，我很了不起吧，爸爸？我真不知道玛莉小姐拿着这份朗诵稿却不会读的时候，她的心里会怎么想呢?”

父亲看了一眼这个骄傲的小家伙，没有发表一句话，他只是转身走到书架旁，从上边拿下一本书，递给汤姆说:“看看这本书吧汤姆，那样，你就可以体会玛莉小姐心里的想法了。”汤姆接过那本书后，愣住了，因为那本书是用拉丁文字写成的，他一个字都不认识。

这次教训让汤姆终生难忘，无论什么时候，只要他感到自己有了在别人面前吹嘘的念头时，另一个声音就马上提醒他道:“记住，汤姆，你不认识拉丁文。”

孩子的蜕变

纵容孩子的过错，只会使孩子越陷越深，这样对孩子是害而不是爱。

一个孩子从邻居家偷了一个鸡蛋，拿回家里交给了母亲，母亲不但没有批评他，反而还把那个偷来的鸡蛋煮给他吃。后来，孩子去邻居家的菜地偷回来一些菜，仍然交给母亲，母亲就把孩子夸奖一番，然后全家人一起围着桌子吃孩子从邻居家菜地里偷来的菜。就这样，孩子的胆子越来越大了，他从偷鸡蛋慢慢开始偷鸡，从偷菜到偷财，就这样一步步走上不归路。他频繁偷盗贵重物品而毫不收敛，终于在一次作案中被捉住了。结果因其偷盗物品非常贵重而依法被判处死刑。到了执行枪决那天，他的母亲也赶到刑场，眼看着自己白发人要送黑发人，她失声痛哭。这时，那个即将走向断头台的盗贼请求跟他的母亲进行最后一次通话。当母亲满脸泪痕地走到儿子身边，儿子说："妈，把您的耳朵伸过来。"感到儿子对自己的留恋，母亲更是悲痛欲绝，她赶忙贴近儿子，令在场所有人震惊的一幕发生了，儿子上前对母亲的耳朵狠狠地咬了一口。血马上流了出来，母亲本能地躲闪，耳朵才不曾被咬掉。母亲边哭边骂这个不孝的儿子。可是儿子却说："妈妈，如果我第一次偷鸡蛋回家时，您就这样痛骂我的话，我就不是今天这个下场了。"

粗鲁的男孩

粗暴无礼不仅会对别人产生伤害，而且还不利于自己。对于孩子粗鲁无礼的行为，坚决不能纵容。要让他从中吸取教训。

安东尼奥是镇上最没有教养的孩子。他总是在路上指责路人，对于衣着讲究的人，他会说："花花公子！"对于衣衫褴褛的人，他就会用石块去砸人家。

这天放学后，他又潜伏在路旁的树丛里，计划着如何搞恶作剧。正在这时，远远走来一个陌生人。那人头戴一顶大遮阳帽，用一根细木棍的一端挑着行李。

安东尼奥向同伴们挤了一下眼睛，坏笑道："看我如何戏弄他。"于是，他偷偷地走到那人背后，蹦起来把那人的大帽子打掉就跑掉了。

被打掉帽子的人，看到安东尼奥已经跑远了，就没再追究，而是继续赶路。看到那个人没有什么反应，安东尼奥便再次跟上去想捉弄那个人，结果这次他却被人家抓住了。

看到安东尼奥的脸，陌生人不禁一愣。就这样，安东尼奥便趁机挣脱了。

那个人也就没再追究，继续往前走。安东尼奥又开始用石块砸那陌生人。其中一块正好砸到那个陌生人的头上，鲜血立刻流出来了，这下，安东尼奥真的害怕了，看到其他孩子也都跑掉了，他也赶忙跑回了家。

他走到家门口时，看到了妹妹，妹妹用手指着脖子上的项链对安东尼奥说："几年前离开他们的叔叔回来了，叔叔给他们买了好多漂亮的礼物。为了给家里人一个惊喜，叔叔把车子停在了一里外的一家客栈，然后步行回来。可是，在路上，叔叔却莫名其妙地被几个坏孩子用石块砸破了头，眼睛也有些伤，母亲已经给他包扎好了。"安东尼奥感到事情有些不妙。他赶忙不动声色地回到自己的房间，可是不久就被父亲叫下来见叔叔。安东尼奥害怕极了，他迟迟不肯走进客厅。

"安东尼奥，快进来呀，平常可没见你这么害羞啊！这块表可真漂亮，是叔叔特意给你买的。"

安东尼奥羞愧极了。他被妹妹拉到客厅，双手却还捂着脸。

叔叔走近他，亲切地把他的手拿开，说："安东尼奥，你不喜欢叔叔吗？"话音刚落，他就很快退了回来，然后对安东尼奥的爸爸说："哥哥，这就是安东尼奥吗，你的儿子？就是他在路上用石块砸我的。"

安东尼奥的父母听后惊讶而难过。叔叔的伤在家人细心的调理下已经痊愈了。只是安东尼奥的父亲却无论如何都不把那块为安东尼奥准备的表给他，连那些好看的书也都给了妹妹，尽管这些都是叔叔买给他的。

看着兄弟姐妹们收到礼物的快乐劲儿，安东尼奥心里别提有多后悔了，对他来说，这次教训是惨痛的。从此，他下决心改掉粗鲁无礼的行为。

世界上最难说出口的话

当孩子犯错的时候，打骂他们并不能解决实际的问题，只有让他们真正认识到错误，才能够更好地改正错误。

一天，戴恩跑到父亲跟前问道："爸爸，世界上最难发音的是什么词？"

"据我所知，有这样一个词，它虽然只有两个字母，但是它却是世界上最难说出口的话！"父亲回答道。

“是什么呢，爸爸？”戴恩想马上知道答案。

“在所有的语言里，我所见过的最难说出口的话就是 NO（不）。”

“别开玩笑了，爸爸！”戴恩说，“NO，NO，NO！这应该是最好发音的词才对！”

“现在，读起来你也许觉得很容易，但是，慢慢地你就会明白我为什么说这个词是最难说出口的话了。”

“爸爸，我什么时候都能说出这个词，肯定能。”戴恩很自信，“它太简单了！”

“好吧，孩子，我希望你可以在该说这个词的时候，把它说出来。”

第二天，戴恩和往常一样去了学校，学校附近有个很深的池塘，冬天会结冰，孩子们都常在那里滑冰。

一夜之间，整个湖面都结了冰，但是却还不够厚。男孩们都认为下午就可以冻厚了。于是，一放学他们就往池塘那儿跑，戴恩看到已经有几个人走上了湖面。

“快来呀，戴恩，”男孩们大声喊道，“我们可以好好滑上一圈。”戴恩有些犹豫，因为他看到冰冻得并不结实。

“快点啊，戴恩，难道你是个胆小鬼吗？”男孩们大声喊道。

戴恩再也忍受不了伙伴们的嘲笑了，“我才不是胆小鬼呢！”他大声说道，然后就冲上了湖面。他们在湖面上玩得很开心。突然有人大声喊道：“糟糕，冰裂了！”结果戴恩和其他几个男孩子一起掉进了冰冷的湖水中。

当闻声赶来的人们把他们救出来时，他们几个都已经被冻僵了。

直到很晚，戴恩才醒来，父亲正在守着他，看到他醒来才舒了一口气，说：“戴恩，你怎么不听话呢，我不是警告过你那冰面很危险吗？”

“爸爸，我本来不想去，可是那些孩子让我上去。他们嘲笑我是个胆小鬼。”戴恩低声地说。

“为什么不说‘NO’呢？你宁愿冒着生命危险上冰面上去，也不肯说‘NO’吗？昨天刚说过说‘NO’是最容易的，可是这么容易的词你怎么没有说出来呢？”

戴恩哑口无言，他终于明白了为什么最难说出口的话是“NO”了。

马车声

口若悬河的人往往华而不实。若孩子喜欢夸夸其谈，父母应该及时加以引导，让他学好本领，做一个务实求新的人。

一个春日的午后，查尔斯先生带着儿子威廉去郊游。一路上，温暖的阳光、雀跃的小鸟让他们非常开心。

在一个拐弯处，查尔斯先生停了下来。他对儿子威廉说："我的孩子，你听到什么声音了吗？"

威廉仔细听了听，说："爸爸，有好多鸟儿在叫。"

"还有吗？"查尔斯先生继续问。

威廉侧耳又听了一会儿，高兴地说："还有马车的声音，爸爸！"

"是的，儿子，是一辆马车的声音，而且是一辆空马车。"查尔斯先生若有所思地对儿子说。

威廉感到有些不解，他问："马车在哪儿呢，爸爸？我怎么没看到。您怎么知道是一辆空马车呢？"

"听声音啊！马车越空，噪声就越大。"查尔斯先生说。

威廉思索了一会儿，还是有点不解。查尔斯先生微笑着解释道："这就像很多人一样，他们肚子里并没有渊博的知识，也没有涵养，但是他们却总是夸夸其谈，一心想显出自己有很高的水平。他们千方百计地去贬低别人，其实他们自己腹内空空。"

威廉终于明白了，很多年后，他还会思索父亲的话，常常反省自己。每当遇到一些滔滔不绝、粗暴地打断别人谈话的人，或者是目空一切、认为自己高人一等的人时，他就会想起郊游时父亲说的那句话："马车越空，噪声就越大。"

钉钉子

言语的伤害胜过利箭的伤害。当孩子脾气不好时，就容易说出伤人的话，这时，家长应当帮助孩子转移这种情绪。

约翰总是无法控制自己的情绪，他常常随时随地无缘无故地发脾气。一天，他的父亲递给他一大包钉子，告诉他每发一次脾气都要用铁锤在他家后院的栅栏上钉一颗钉子。

第一天，约翰在栅栏上钉了 37 颗钉子。

第二天，约翰在栅栏上钉了 35 个钉子。

就这样，几个星期后，约翰渐渐可以控制自己的情绪了，栅栏上钉钉子的数目日益减少。直到他感觉控制自己的坏脾气比往栅栏上钉钉子要容易得多，他便再也不乱发脾气了。

约翰也感觉到了自己的变化，就去把这种变化告诉父亲。父亲听后，又建议他说："约翰，假如你能坚持一整天都不发脾气，那就从栅栏上拔掉一颗钉子。"约翰照做了，一段时间后，原来被钉在栅栏上的钉子已经被约翰都拔掉了。

这时，他又跑去找父亲，告诉他钉子已经都拔掉了。父亲跟着约翰来到栅栏边，说："做得很好，约翰。可是，你仔细看一下，那些钉子在栅栏上留下了那么多小孔，栅栏还是最初你没有钉钉子时的样子吗？知道吗，孩子？每当你对别人发过脾气后，你的言语就像这些钉孔一样，会在对方的心里留下疤痕。这就好比把刀子刺向别人的身体后再拔出来。可是，无论你说多少'对不起'，都无法使伤口愈合。记住，孩子，用语言和行为对人们造成的伤害跟用利器对人们造成的伤害没有区别。"

木鞋的教训

当孩子贪图某件并不实用的物品时，我们不妨适时满足他，而一旦他从中吃到苦头时，就会逐渐反省过来。

犹太人戴维·李嘉图是一位著名的经济学家。9 岁那年的一天，他跟着父母去商店买东西。走到一家商店的陈列柜前，他被一双漂亮的皮鞋吸引住了，那精美的外观让他心动，于是他请求父母为他买下，在一番死缠烂打之后，母亲答应了，可是父亲却不同意，他认为那双鞋不适合孩子穿。

戴维一听父亲这么说，生气极了，于是他干脆坐在地上不停地哭闹起来。无奈之下，父亲也妥协了，同意给他买那双鞋子，不过有个条件，就是要他保证，买了就一定要穿。

戴维终于拥有了那双鞋，好不容易说服了父母才得到的鞋子，可是穿上后却发现那是一双木鞋，穿着它走路会发出很大的响声，让人非常不舒服。但是，因为买鞋时向父亲做了保证，他又不得不穿，所以，那段时间，那双鞋让他受了很多罪。

他时常在一个人的时候念叨：“正像当初爸爸说的，这双鞋的确不适合我。但是，当时我为了满足自己的虚荣心，居然对爸爸妈妈采取了死缠烂打的策略让他们买了一件并不实用的东西。”

为了摆脱这双鞋子，戴维想尽了一切办法。父亲也看出戴维已经认识到了自己当时的错误，于是就建议他把那双鞋子脱掉，从此不必再穿它了。尽管如此，戴维却始终不肯原谅自己的过错。他把那双鞋，挂在自己房间最容易看到的地方。一看到它，就会想起自己所犯的错误，从而时刻提醒自己再也不要任性，不要贪图虚荣。

分苹果的故事

父母的手不仅能够晃动摇篮，更能推动世界。父母是孩子的第一任老师，可以教他说第一句谎言，也可以教他做一个诚实的、永远努力争第一的人。

家庭教育是一个人一生中受到的最早的教育。美国一位著名心理学家为了研究母亲对一个人一生的影响，在全美选出50位成功人士，同时又选出50位有犯罪纪录的人，分别致信请他们谈谈母亲对自己的影响。在所有的回信中，有两封回信给他留下了深刻的印象。一封是来自白宫一位著名人士的，一封是来自监狱一位服刑的犯人的。这两封信中谈的都是同一件事：小时候母亲给他们分苹果。

犯人在信中写道：“8岁那年的一天，妈妈拿来几个苹果，红红绿绿，有大有小。我一眼就看中了那个又红又大的。还没等我们说话，妈妈就把苹果放在桌上，问我和弟弟：‘你们想要哪个？’我刚要开口说要最大最红的那

个，可是却被弟弟抢先了。妈妈一听，瞪了他一眼说：‘好孩子应当学会把好的东西让给别人，不应该总想着自己。’

听了妈妈的话，我赶忙说：‘妈妈，我想要那个最小的，把最大的留给弟弟。’

妈妈一听，高兴极了，她在我的脸上亲了一下，然后又把那个又红又大的苹果给我作为好孩子的奖励。就这样，我得到了我想要的东西，也正是因为这样，我便学会了说谎。再后来，我又学会了打架、偷、抢，总之，为了得到想要得到的东西，我总是不择手段。直到现在，我被送进监狱。”

而白宫的著名人士写道：“小时候，有一天妈妈拿来几个苹果，红红绿绿，大小各不同。我和哥哥、弟弟都争着要大的，于是妈妈就把那个最大最红的苹果举在手中，说：‘这个苹果最大最红最好吃，你们都想要。好吧，那就让我们来做个比赛，我把门前的草坪分成一样大小的三块，一人一块，去把草坪修剪好，看谁做得最快最好，这个大苹果就会被谁赢得！’

于是我们三人就开始比赛修剪草坪，结果，我赢得了那个最大的苹果。

很感谢母亲，因为是她让我明白了一个再简单不过、却又非常重要的道理：要想得到最好的，就必须努力争第一。在对我们的教育中，这种思想贯穿始终。更为可贵的是，她自己也是这样做的。在我的家里，无论你想要得到什么，都必须通过比赛来赢得，这很公平，你想要什么、想要多少，就必须为此付出相应的努力和代价！”

低俗的教育只能出低俗的品格

父母的教育是孩子品质形成的关键因素，家长总是责怪自己的孩子，说他们不听话，缺点太多，甚至说他们糟糕透了，但就是不明白这样一个道理：低俗的教育只能培养出低俗的品质。

塞德兹认为，一个人品质的好坏，完全取决于其幼年时期所接受的教育。

一次，塞德兹回家时路过哈塞先生家，他看到了哈塞教育儿子的情景。

“格兰特，你到底在做什么，怎么把这双刚给你买的新鞋弄坏了呢？”

“我在同小伙伴做游戏的时候……不小心被一颗钉子划了一下……”格

兰特小心翼翼地回答道，眼睛不敢看爸爸。

“什么？做游戏时被钉子划了一下！”哈塞先生生气地说，“跟你说过多少遍了，不要和那些孩子们瞎闹。钉子划破了鞋子没有多大关系，可是如果划着了脚该怎么办呢？那样会使你变成残疾人的。”

这时，格兰特委屈得都要哭出来了。

“哈塞先生，”塞德兹笑着向他打招呼，“这是怎么了？看看我们的小格兰特多难过呀！”

“他有什么好难过的？”哈塞先生指着格兰特的鞋子说，“他居然把刚买的新鞋弄成了这样子。”

“这又怎么啦？”塞德兹一脸的不在意，“我看这没什么大不了的。一条小划痕而已，并不影响鞋子的作用和美观。对于孩子，应当把道理给他讲清。完全没有必要这么严厉。”

“塞德兹，你是不知道啊，对于这样调皮的孩子，如果不严厉，他会变得无法无天的。”哈塞先生说。

哈塞先生对儿子格兰特的做法看似合理，其实并不明智。鞋子已经弄坏，责骂已经没有作用，而应以合理的态度来教育孩子以后小心。孩子弄坏鞋子后已经很难过了，再因此被责骂，就会更加难过，使孩子陷入深深的自责和不安中。

另外，哈塞先生说钉子会划伤脚会导致残疾，这种夸大事件危害的做法使得孩子越来越胆小。

更重要的是，哈塞先生认为格兰特与别的孩子一起玩是瞎闹，这样，会使孩子把事情的不良结果完全怪罪到别的孩子身上，他会想，假如不跟他们玩就不会有这样的事了。如此一来，孩子这种自私的不良品质就会出现。久而久之，孩子无论做什么事情，都会首先考虑自己的利益，然后才去想帮助别人。

第三章

扬起自信的风帆

不要吝啬赞赏之辞

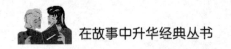

作为家长，无论在什么情况下，都要对孩子寄予一种热烈的期望，并且使孩子感受到这种期望。这样，孩子就会确立一种良好的自我形象，并乐意为实现这种良好形象而艰苦努力，把自己潜在的天赋变为现实的才能。

有一个非常好学的孩子，她每天认真完成作业，认真预习明天要学的知识，可是考试的时候，同桌很轻易地就考了第一，而她却才考了全班第二十五名。

为此，她不解地问妈妈："我真的比别人笨吗？为什么我和他们一样听老师的话，却总是落在他们后边呢？"

妈妈也不知道如何回答。

又一次考试，孩子考了第二十名，而她的同桌依然是第一名。于是，孩子又问了上次同样的问题。妈妈依然不知道如何回答。尽管她心里明白，人的智力有差异，考第一的人，脑子就是比一般人聪明。可是她没有这样跟孩子说，因为她知道，这不是孩子想要的答案。

另外，妈妈也不想说那些应付孩子的话。比如：因为你贪玩；你还不够勤奋；你和别人相比还不够努力……因为她知道，像女儿这样天资一般、一直都在努力却又成绩并不突出的孩子，平时就已经很辛苦了。

这位妈妈决心要为女儿的问题寻找一个最完美的答案。

在以后的一段时间里，女儿依然努力学习，虽然她还是没有赶上她的同桌，但是却一直在进步，她的成绩一直在提高。为了鼓励女儿的进步，妈妈决定带她去看海。

于是，在那里，这位母亲找到了她长久寻找的那个完美的答案。

母女俩坐在沙滩上，海边到处都是争食的鸟儿，每当海浪打来，小灰雀就总能迅速地起飞，它们拍打几下翅膀就可以升入天空；可是那些海鸥却让人感觉有些笨拙，从沙滩飞入天空总要很长时间，但是能够真正飞越大海横过大洋的还是海鸥。

同样的道理，能够真正取得成就的人，并不一定是天资聪颖的孩子；而一直坚持不懈的孩子，即使没有很好的天赋，也一定能获得成功。

如今，这位母亲再也不用为怎样回答孩子的问题而犯愁了，因为她的孩子已经以高考状元的身份进入了北京大学的校门。

作为父母，不但要对有天赋的孩子抱有良好的“期望”，还要对那些天资平平的甚至愚笨的孩子保持信心、给予良好的“期望”，要从自身做起，改变对孩子的不良印象，并通过自己的言行，把对孩子良好的印象传达给他们，这会在很大程度上影响孩子的行为。当然，孩子最终也不会让父母失望。

多给孩子一些赞美吧，这样才能使孩子的潜能得以充分发挥。

赏识是一种有力的肯定

自信是成功的基石，帮助孩子树立自信，帮助孩子学会欣赏自己，同时，父母要学会肯定孩子，这样孩子就会表现出比别人更美的地方。

也许你希望孩子成为太阳，可他只是一颗星星；也许你希望孩子成为大树，可他只是一株小草；也许你希望孩子成为大海，可他只是一条小河……于是，失落感油然而生。其实，大可不必如此，做星星也照样发热发光；做小草也一样充满希望，做小河也一样滋润沃土……伟人总是少数的，只要扮演好自己的角色，生活就会有阳光。

一个小男孩头戴棒球帽，手拿球棒与棒球，全副武装地走到自家后院。“我是世上最伟大的击球手。”他自信地说完后，便把球扔到空中，然后用力挥棒，却打空了。不过他毫不气馁，把球从地上拾起，又往空中一扔，然后大喊：“我是世界上最厉害的击球手。”他再次挥棒，结果仍是落空。小男孩愣住了，大概十分钟的时间，他又仔细地对球棒与棒球进行了一番检查，再一次把球扔到空中，并且这次他仍告诉自己：“我是最杰出的击球手。”可是他第三次的尝试依然以失败告终。

这种情况下，谁忍心看到一个自信的孩子一而再、再而三地被失败伤害的神情。各位，不必这样，你根本看不到你想象的那一幕。因为这个男孩子在第三次失败后，沉思了片刻，又突然从地上高高跳起，“原来我是一流的投手！”他兴奋地说。

小男孩勇于尝试，能不断给自己打气、加油，使自己信心小足，尽管他一次都没有成功，他却毫无失落之意，也没有一蹶不振。他不抱怨、不伤心，反而从另一种角度来“欣赏自己”。

多么可爱的小男孩！不，多么自信的小男子汉！在欣赏小男孩的可爱的同时，我们也不禁想：要是这话出自老师或父母之口该多好！

孩子的第一本书

让孩子从小就“站着”，而不是“趴着去仰视那些大人物”。这种自信心与健全的人格会为孩子的一生打下一个良好的基础。只有会尊重自己的人才会赢得他人的尊重。

美国有这样一家再普通不过的幼儿园。

在这家幼儿园里，刚刚入园的儿童都会被老师带进幼儿园的图书馆，然后让他们随意坐在地毯上，接受他们的人生第一课。

图书馆的老师笑盈盈地走到书架前，和蔼地对地毯上的孩子们说：“孩子们，现在由我来给大家讲个故事好吗？”

“好！”孩子们齐声答道。

于是，这位老师转身从书架上抽出一本书，翻开书给孩子们讲了一个浅显易懂的童话故事。

老师讲完故事后说：“你们知道吗，这个故事就是一个作家写在这本书里的。你们长大以后，也可以像这个作家一样写这样的书。接下来，有没有哪一位小朋友也来给大家讲一个故事呢？”

有一位小朋友马上站起来说：“我有一个爸爸，一个妈妈，还有……”老师赶忙把这个语无伦次的故事认真工整地记在一张非常好的纸上。

“接下来，有哪位小朋友愿意给刚才这位小朋友讲的这个故事配个插图呢？”老师又问。

于是，又有一位小朋友自告奋勇，在另一张纸上画一个“爸爸”，一个“妈妈”，最后还画了一个“我”。尽管画得让人无法辨认是什么，老师却依然非常认真地把它接了过来，附在那一页故事的后面。最后，老师又取出一张非常精美的封皮纸，把它们装订起来。并且还在封面上写下了作者的姓名、插图者的姓名，以及“出版”日期。

一切做好后，老师就把这本“书”高高举过头顶，她高兴地说：“瞧，孩子们，这就是你们写的第一本书。你们看，写书并不难。但是因为你们还小，所以只能写这种小书。等你们长大了，就可以写大书了，就可以成为伟大的人物。”

世界上没有笨蛋

每个人的智商都不一样，但除了极少数智商特别高的人，大多数人的智商都相差无几。我们切不可以此来打击孩子，而要对他们多多鼓励。

拉菲尔总感觉生活压抑。父亲经营着一家大公司，而他却只是一个普通的学生，甚至需要家庭教师的帮助才能勉强读完所学的课程。

拉菲尔每天都沉浸在不如父亲的失落中。由于从未体验过成功的喜悦，他每天都不快乐。

拉菲尔的家庭教师卡秋莎为拉菲尔的沉默寡言感到奇怪。有一天上完课，她问：“拉菲尔，我感觉你总是不快乐，能告诉我原因吗？”

“我没有个性，也从未获得过成功。”拉菲尔说，“瞧，我爸爸事业有成，而我作为他的儿子，却那么平凡。我对学习不感兴趣，而且几乎无法找到可以让我感到自豪的事情。我是个十足的笨蛋！”

“拉菲尔，不知道你是否听过这句话？”卡秋莎老师问。

“什么？”拉菲尔抬起头望着卡秋莎老师。

“世界上没有笨蛋！”卡秋莎老师说，“这句话是听我的老师说的，而现在我又把它说给你听。”

“尽管人与人的智商不同，但上帝却很公平，你可能不擅长学习，但是世上总有一些事情是你擅长的，只不过是你没有发现罢了。”卡秋莎老师接着说，“因此你一定要去寻找你所擅长的，也就是你真正感兴趣的东西。假如你同意的话，我可以带你去一个非常好玩的地方。我想你一定还没有尝试过飞翔的感觉吧？”

“是的，我想也许你说的是对的。”拉菲尔说。

卡秋莎老师带着拉菲尔来到一个飞行基地，他们上了一架小型直升机。“好棒的感觉！”拉菲尔兴奋地说，“我擅长飞行，我喜欢这种感觉，我仿佛天生就有这种本领。”

从那时候起，拉菲尔开始变得自信了，因为他终于发现自己并非一无是处，他有自己擅长的东西。自信和快乐仿佛从此不曾离开他。“我知道我并非才华横溢，但是我却擅长飞翔。”他总是这样对别人说。

10年后，拉菲尔接手了父亲的公司，他把公司带到了一个非常好的发展阶段，比父亲经营时还要好。

荡秋千

孩子的恐惧心理在很大程度上来源于没有自信心。只要建立起自信心和良好的自我感觉，那可恶的恐惧心理自然会消失掉。

为了让儿子能够很好地锻炼身体，也为了给儿子多一项娱乐活动，克鲁斯在院子里专门安放了一架秋千。虽然大多数孩子都喜爱荡秋千，但把它安放好之后才发现小克鲁斯很害怕。

当克鲁斯第一次把儿子抱上秋千的踏板时，儿子吓得哭了起来。

“不，不。”小克鲁斯站在踏板上紧紧地抓住绳子，动作十分狼狈，他不停地哀求爸爸把他放下来。

“亲爱的，你不用怕，很多像你一样的孩子都会玩，不用怕。”克鲁斯边说边将他稳稳地扶住。

“我不想玩这个，我会摔下去的。”儿子哭着说。

“放心吧，只要抓住绳子，就很安全。”

“不，我害怕。”儿子仍然坚持。

看到儿子害怕的样子，克鲁斯知道再劝也无济于事，于是便把他抱了下来。

“这样吧，爸爸先来给你示范一下吧。呆会儿你看到爸爸玩得很高兴时，你一定会改变主意的。”说完，克鲁斯就上了秋千开始摇荡起来。

“爸爸，你太棒了！”看到爸爸在秋千上荡得很高很高，小克鲁斯高声欢呼。

“你要不要也来试试？”爸爸问儿子。

“好吧，可我不要荡那么高。”儿子终于答应试一下。

这一次，儿子依然害怕，但他毕竟已经有了一个开始。他站在秋千的踏板上扭来扭去，样子十分滑稽。关键是，他并没有把秋千荡起来。

这时，女佣艾丽小姐走了过来。她看到小克鲁斯滑稽的模样顿时大笑起来：“亲爱的，你是在荡秋千吗？怎么一点也不像呀。”

“不，艾丽小姐，你不应该这么说，他做得好极了。”听见艾丽小姐的话，克鲁斯担心会因此而打击儿子的自信心，连忙出声制止了她。

艾丽小姐十分机灵，听克鲁斯这么一说，她立刻明白了克鲁斯的意思，连忙说道：“哦，上帝，我差点忘了，在我第一次荡秋千的时候还不如他呢。”

“是吗？”小克鲁斯听见艾丽小姐这样说，便立刻来了精神，用力在秋千上摇荡了几下。

“是的。亲爱的，据我所知，每个人在第一次荡秋千的时候都害怕得要命，爸爸小时候也是这样的。”克鲁斯趁机鼓励儿子，“我第一次上秋千的踏板时比你还要害怕，闭着眼睛站在那里一动不动。你比我好多了，亲爱的，我相信用不了几天你就会荡得很高很高。”

“真的吗？”小克鲁斯听见爸爸和艾丽小姐都这样说，恐惧感顿时消失得无影无踪。

第二天，克鲁斯下班后回家，还没有走进住处便听到了花园中传来的欢笑声。他向花园里看时，发现儿子正和艾丽小姐高兴地荡着秋千。

聋人画家

鼓励是一股强大的力量，它能够催人不断奋进。

麦克是一所艺术院校的学生。他自幼双耳失聪，但是却以顽强的毅力和不懈的努力，成了一名德才兼备的学生。麦克不仅学习成绩优秀，还积极地参加学校组织的各项活动。

因为双耳失聪，麦克在上课的时候，总是把眼睛睁得大大的，他紧紧地盯着老师的口型，全神贯注地上课，不觉间还会自言自语地跟着老师念，以此来感受老师的发音，体会课堂教学内容。

一次，学校要举办一次学术讨论会，麦克因成绩突出而被推选为班里的代表，上台发言，向广大师生介绍自己不平凡的经历。

麦克看了看观众席上的各位，用充满感情的话语说："我很小的时候，就表现出了很好的绘画天分，我的父母坚信我将来会在绘画领域有一番作为，所以他们经常鼓励我，而我正是因为这种鼓励，才不断取得进步。虽然我的耳朵听不见声音，但是我还有眼睛，还有手、脚，还有一颗跳动的心，所以我相信，只要我继续努力，我就一定会成为美国历史上最优秀的聋人画家。"

台下报以雷鸣般的掌声。

此后，他更加努力地学习画画。功夫不负有心人，麦克以他坚定的信念和不断进取的精神迎来了他的成功：他的作品获得全美巡展大奖。

赞扬的魔力

不是聪明的孩子被夸奖，而是夸奖使孩子更聪明。在适当的时机，适当的场合，可以无中生有、小题大做、无限夸张，以唤起孩子的自信心。

日本著名的教育家铃木镇一找到了教孩子学说话、学走路的最佳教育方法后，每年能培养 700 个与莫扎特同样水平的小神童。一时间，他的名字在日本的大街小巷被传颂。

一天，一位年轻的母亲找到铃木，对他说："您不是说所有的孩子都是小提琴家吗？为什么我的孩子已经练了好几年了，却依然没有什么长进呢？要是您能把我的孩子教好，我就真的服了您了。"

铃木答应了那位母亲的请求，他跟着那位母亲到了她家，见到了一个五六岁的小男孩。

那位母亲让孩子在铃木跟前演奏小提琴。小男孩也知道铃木的大名，让他在大师跟前演奏，实在是紧张。但他还是硬着头皮拉了一遍，简直不成曲子，连平常的水平都不如。

母亲听着，脸色更难看了。

可是铃木却是一脸发现新大陆的表情，他忙把小男孩抱住，说："你拉得太好了，真是太动听了，再拉一段给我听听吧。"

孩子一听大师如此真诚地说，激动极了，能够得到大师的赏识，小男孩一下子有了很多信心。于是他就又拉了一段，结果第二次拉的比第一次好了很多。

孩子的母亲在一边看得目瞪口呆。

第二段拉完了，铃木边鼓掌边表扬。就这样，直到铃木走的时候，小男孩已经完全沉浸在小提琴神童的感觉里了。那位母亲把铃木送出门外，她不解地问："铃木先生，我真是不明白，您怎么可以在孩子面前说假话呢？我的儿子明明拉得很难听，您为什么还要夸他呢？"

铃木说："要知道，你孩子的心灵已经受到了伤害，我这次其实是在治他的心病。难道你没有发现吗，我第一次夸奖他时，他的眼睛一亮，这说明什么？说明孩子的心灵受到了震动，他的心灵开始转变了，那么他拉小提琴的感觉就找到了。"

后来，铃木专门为这个孩子辅导。不到两年，这个小男孩就举办了他的个人独奏音乐会。

搬书的小男孩

孩子在做事的过程中需要得到鼓励，这样才能够增强他们的自信心和责任感。

在孩子的幼年时期，面对着大千世界，常常会感到束手无策。作为孩子的父母，应该给予他们更多的鼓励，给他们更多的信心，去迎接挑战，克服困难。

哈伯德先生正在仓库里搬藏书，刚刚 5 岁的儿子查理看到了，飞跑过去帮忙。在查理看来，能够帮父亲做这样的事情实在是一件非常了不起的事，尽管查理并未帮上什么大忙，甚至有时候还会起副作用。但是哈伯德先生却依然向孩子投去赞许的目光。因为他知道孩子参与工作的意义，远比搬一大叠书的效率重要得多。

这些藏书中的确有几本是又厚又重的。对一个5岁的小男孩而言，搬起来相当吃力，更何况还要把这些书搬到仓库外面。但是查理却始终不肯放弃那本很沉的书，搬到仓库门口的时候，他不小心摔了一跤，使得手上的书都掉到了地上。看着散落一地的书，查理难过地哭了起来，他感到自己太笨了，什么都做不好。

这一切，哈伯德先生都看在眼里，但是他却没有说一句话，只是把儿子不小心掉到地上的书捡起来，然后把它们重新放回儿子的手中，并投去鼓励和信任的眼神。查理信心十足了，他赶忙把眼泪擦干，继续帮父亲搬书。

受责骂的孩子

打击唯一的作用就是使孩子变成一个懦夫，而鼓励却能成就天才。倘若只是为了拥有一个安静的环境就去剥夺孩子的快乐天性，那么这种父母又怎能培养出自信乐观的孩子呢？

安德鲁是罗塞尔教授的大儿子，他天资聪颖，才华过人，3岁时就已经会阅读和书写了。

然而，这个孩子却很不幸，他的才华便是他不幸的导火索。

安德鲁不但才华过人，而且性格开朗，他总是喜欢把自己的快乐与他人分享。这原本是很好的事情，但是这种性格却引起了罗塞尔的不满。因为罗塞尔性格内向，不爱与人打交道，也不爱在别人面前表现自己。在他看来，谦虚、稳重的人就应如此。

“安德鲁，你又在嚷嚷什么呢？”一天安德鲁正在高声欢笑时罗塞尔问道。

“爸爸，我又读完了一本书。”安德鲁高兴地说。

“这很了不起吗？再说了，任何一本书都是有趣的，你用不着那么高兴。”罗塞尔说。

“可是，爸爸，这本书真的令我很愉快。还有啊，爸爸，我居然能把这么难懂的书读完了，所以感到非常兴奋！”安德鲁兴奋地说，似乎想要得到父亲的肯定。

不知道是性格的原因，还是安德鲁真的打扰到了他，罗塞尔突然就发怒了，他大声说：“你还在一个劲儿地嚷嚷什么！不要以为只有你才有这个本事！我看你实在是个骄傲自大的孩子。想得到我的表扬吗？别想了，我永远不会表扬你。”

“可是爸爸，我做错了什么吗？”受到了责骂的安德鲁委屈地问道。

“你什么都没有做错。但是我要警告你，别整日嚷嚷个没完，这让人烦透了。”罗塞尔继续训斥儿子道，“不要以为自己是个天才。我跟你说，你什么都不是。我以后再也不想听到你那种赞扬自己的声音了。你就是个自欺欺人的笨蛋。”说着，还“砰”的一声关上了房门。

门外的安德鲁伤心极了，他不明白爸爸为什么会这样。本来，他还想同爸爸一起分享自己的快乐，向爸爸请教一些他还不太明白的问题。可是这时他才发现父亲并不喜欢他这样。

就在这一瞬间，安德鲁那种良好的心态顿时消失了。一种极坏的情绪涌上了他的心头，快乐和自信被另外一种东西所取代：我其实是一个很糟糕的孩子，是一个笨蛋。

从此，安德鲁的脸上不见了往日的笑容，家里也安静了下来，安德鲁已经完全变了，这个原本极有才华的孩子最终一事无成。

坏孩子与好孩子

赏识导致成功，抱怨导致失败。不是好孩子得赏识，而是赏识使他们变得越来越好；不是坏孩子得抱怨，而是抱怨使他们变得越来越坏。

著名成功学家拿破仑·希尔小时候是一个公认的坏孩子。

倘若有谁家的母牛走失了，哪里的树被莫名其妙地砍倒了，人们都会无一例外地认定是他做的。甚至连自己的父亲和哥哥都认为他的确是个坏孩子。

周围人也都认为母亲的死，使得拿破仑·希尔失去了管教而变坏。既然所有的人都这样想，那他也就无所谓了。

直到有一天，继母的到来彻底改变了拿破仑·希尔。

那一天，父亲向大家宣布他要再婚，每个孩子都在担心继母会是什么样的。拿破仑·希尔更是拿定主意，根本不把那个女人放在眼里。这一天就这样来到了，那个陌生的女人走进家门，她去每一个房间里同每一个人愉快地打招呼。当她走到拿破仑·希尔面前时，那个小家伙就像枪杆一样站得笔直，并且把双手交叉在胸前，冷漠地瞪着她，毫无欢迎之意。

“这就是拿破仑，”父亲介绍道，“是全家最坏的孩子。”

令拿破仑·希尔一生都忘不了的是继母当时所说的那些话。她微笑着把手放在小希尔的肩上，温柔地看着他，眼睛里流露出和蔼的光芒。“最坏的孩子？”她说，“一点也不，他是全家最聪明的孩子，我们应该把他的本性诱导出来。”

就这几句话，改变了拿破仑·希尔的一生。她相信他是一个好孩子，让孩子感到别人对他的信心，他就会成功。

父亲的鲜花

父母的爱和赏识，是孩子走出人生困境的动力，并且这种爱可以传承。

每逢重要的日子，母亲都会送萨婼鲜花。萨婼头一次收到父亲的鲜花是在她 8 岁那年。那时，她参加了 4 个月的歌唱学习班，准备迎接学校一年一度的音乐会。作为合唱队的一员，萨婼满怀激动和兴奋，每次回到家中，她都会悄悄躲进自己的房间练习。但她也知道，自己貌不出众，站在人堆里毫不显眼。

太让人吃惊了，表演结束后即将离开舞台时，萨婼听见有人喊她的名字，随即一束带着芬芳的红玫瑰就落进了她的怀里。她既兴奋又害羞地站在舞台上，脸蛋儿通红通红的。当时的感觉现在想来她的心都会怦怦乱跳。舞台下，她的父母微笑着望着她，一直在鼓掌。之后，一束束散发着不同芬芳的鲜化伴随着她跨过了人生的一个个里程碑。

萨婼的 18 岁生日马上就要到了，一想起这件事情萨婼就头疼。去年萨婼得了一场病，头发几乎都掉光了，现在病已经好了可头发还没长出来，所以没有男朋友。可是热心的父母非要给她办一个生日晚会，这使得她的心情愈发沉重。

当萨婼走进餐厅时，桌上的生日蛋糕旁边有一大束鲜花，比以前的任何一束都大。

这一大束鲜花并没有使萨婼高兴起来，反而使她想逃离。由于她没有男朋友送花，因此她父亲送了她这些花。18 岁是迷人的，可萨婼却怎么也笑不出来。好朋友薇妮斯却无比羡慕地对萨婼说："你爸爸可真好啊！"时光荏苒，父亲的鲜花给萨婼的生日、音乐会、授奖仪式、毕业典礼都送去了祝福。

转眼间，萨婼即将成为一位新娘。父亲这次送来的鲜花带给她的不仅是欢乐和喜悦，还标志着她新生活的开始。父亲在感恩节送来洁白的百合，圣诞节送来茂盛的圣诞红，复活节送来温柔的蝴蝶兰，生日送来迷人的红玫瑰。父亲送上一束纯洁的马蹄莲，祝贺她的孩子降生。

萨婼对生活的幸福感与日俱增，父亲的健康却每况愈下，但他的鲜花却从不曾间断过直至去世。父亲离开了萨婼的生活，她买了一大束最大最红最芬芳的玫瑰花放在他的墓碑上。

在没有了父亲的日子，再也无法收到父亲鲜花的日子里，萨婼时常会有去买束花的冲动，然而她终于没有去买。她总对自己说，以后再也没人给我送花了。

又到萨婼的生日了，可是大家好像谁也没有记起来，一大早大家都出门干各自的事情去了。丈夫打高尔夫球去了，女儿去学舞蹈去了，15 岁的儿子一大早就跑出去找同学玩了。门铃突然响了，她觉得意外，打开门的一刹那一大束美丽的长寿菊盛开在眼前，花的后面露出了儿子那圆圆的脑袋。

"妈妈，生日快乐！"儿子微笑着说，"希望您能喜欢这些鲜花。"

"噢，亲爱的孩子。"萨婼一把将儿子搂进怀里激动地喊道："我爱鲜花！"

判若两人

未成年的孩子对自己的看法完全取决于周围人的评价，特别是父母的评价，哪怕是一句话，或者是一个眼神，都会对孩子产生终生的影响。

妈妈每次带妮妮去奶奶家，妮妮都特别兴奋，她会以极快的速度收拾好一切，坐在车上等着妈妈。可是只要得知妈妈要带她去外婆家，妮妮的情绪就一落千丈，她会极不情愿地跟着妈妈。

原来妮妮在奶奶家和外婆家判若两人。

妮妮每次在奶奶家，都会得到奶奶的表扬，奶奶总是说："这么好的小孩子真是少见，小小年纪就已经很懂礼貌了，每次吃东西的时候，她都知道分给爷爷奶奶。"

可是妮妮到了外婆家却是另一番景象。

一进门外婆就开始唠叨："哪有你这样淘气的小女孩啊，男孩子捣蛋还可以理解，女孩子还整天搞恶作剧。"

看看妮妮吧，她蓬乱着头发，甚至不去擦流下来的鼻涕，一副毫不在乎的样子。

这是什么原因呢？

奶奶总是夸妮妮，于是，听到表扬的孩子就会按照表扬的那些内容努力做事，所以越夸越好，因此在奶奶家，妮妮就是好孩子；而到了外婆家，却总是被训斥，妮妮就会故意向着外婆训斥的那些内容上发展，所以越骂越糟，因此在外婆家，妮妮就成了坏孩子。

海伦"转世"

孩子有了天才的感觉，就会成为天才；孩子有了英雄的感觉，就会成为英雄；孩子找到了好孩子的感觉，他就会成为好孩子。因此，父母应该树立孩子的自信，千方百计塑造他们天才的感觉。

海伦·凯勒是美国19世纪一位又盲又聋的伟大女性。她6岁半的时候还不识字，可是18岁那年她却已经会5个国家的语言了，她的事迹轰动了全世界。

一天，周弘在看《海伦·凯勒传》时，无意中发现海伦的生日是1880年6月27日，而他的女儿婷婷的生日是则是1980年6月29日，就在这一瞬间，他脑子一闪，精神为之一振，这真是巧合。他按捺不住心中的喜悦，赶忙跑到女儿的房间，兴奋地抓住女儿的手说："婷婷，太好了，一个天大的好消息被爸爸发现了。爸爸一直都在纳闷，为什么你这么聪明，这么有灵性呢？今天终于被我找到原因了。原来你是海伦·凯勒转世啊！"

"有什么证明吗？"女儿迷惑不解。

"我今天读《海伦·凯勒传》时，无意间看到了海伦的生日，你和她的生日正好相差整整100年。"

"真的吗？"婷婷瞪大了眼睛。

"那当然了，白纸黑字，1天都不差。"周弘赶忙把书递给女儿。

婷婷忙接过书，看到爸爸指的地方，她有些失望。

"她是6月27日，而我是6月29日，还是相差两天呢。"

周弘不慌不忙地解释道："你说的是这个日期啊？据我了解，还是1天都不差，因为海伦的妈妈生她时是顺产，而你妈妈生你时是难产，刚好就耽误了两天。"

听完爸爸的话，婷婷顿时两颊绯红，两眼放光，她感觉海伦的血液在自己的血管里奔腾，海伦的灵魂在自己的脑海里游荡，她的感觉找到了！

就这样，自幼失聪的周婷婷就真的成了中国的海伦·凯勒。

后来，婷婷自己讲，是海伦给了她无穷的力量，小时候只要遇到困难，她都会想自己就是海伦·凯勒。

弱者与强者

没有哪个人愿意承认自己是弱小的，哪怕是孩子，父母不应该给孩子这样的感觉。这就是孩子的骄傲和自尊。

假日里，爸爸、妈妈、9岁的彼德和5岁的露西一家四口去森林里度假。森林里的一切仿佛有生命一样，那么快乐，那么安逸，孩子们欣赏着从没见过的花花草草，玩着闹着。

森林里有一片旷地，里面长满了野蔷薇，有几株已经开放了，红色的花朵灿烂地笑着，散发着阵阵花香。一家人决定在这附近休息，爸爸坐在灌木附近开始看书。

突然间雷声大作，打破了这里的安静，紧接着，大雨倾盆而下。

彼德是个懂事的孩子，他把自己的雨衣给了妈妈，好像他并不在乎被淋湿一样。而妈妈转手又把雨衣给了露西，好像她也不怕被淋湿。

露西不解地问道："彼德把自己的雨衣给了妈妈。你又把雨衣给我，为什么呢？"

妈妈笑着回答："我们都在保护比自己弱小的人啊！"

"那么，妈妈，我是最弱小的人吗？"露西接着问，"我可以保护谁呢？"

"亲爱的，如果保护不了别人，那么你就真的是最弱小的人了。"妈妈笑着说。

这时，露西朝着那片蔷薇走去，把自己的雨衣下摆盖在盛开的红蔷薇上。此时的红蔷薇已经被大雨冲掉了几片花瓣，在露西看来，红蔷薇是弱小娇嫩的，是应该受到保护的。

"妈妈，我不是最弱小的人！"露西高兴地喊着。

"当然，亲爱的，现在你是一个勇敢的孩子，是一个强者啦！"妈妈欣慰地回答。

"谎言"的力量

鼓励的力量是巨大的，它能使一个不幸的孩子重新振作起来。

小马克马上就 7 岁了，他终于将要同其他孩子那样去上学了。这天，他在大街上玩耍，却不小心被飞驰而来的大卡车撞倒了。经过抢救，小马克保住了性命，却丢了双臂。

没有了双臂的小马克被学校拒之门外，每当他看到小伙伴们高高兴兴地背着书包去上学时，心里羡慕极了，羡慕之余，小马克更加悲伤。他总是问妈妈："我没有胳膊和手，该怎么办呀？"妈妈微笑着说："马克，这没有什么大不了的，只要你坚持锻炼，它们就还会再长出来的。"小马克信以为真。

于是他在妈妈的帮助和指导下，开始了艰苦的锻炼过程，他努力学习用脚洗脸、吃饭和写字，还有其他一些力所能及的事情。小马克坚信只要努力练习，胳膊和双手就一定会重新长出来。

转眼就过了好几年，在这几年里，小马克已经能够用脚做很多事情了。他发现胳膊和手依然没有长出来。疑惑不解的小马克又去问妈妈：“妈妈，为什么我的胳膊和手还没长出来呢？难道是我还不够努力吗？”

妈妈停下手中的活，蹲下来抚摸着小马克的头说：“亲爱的，你的胳膊和手虽然还没有长出来，但是别人用胳膊和手做的事情，你不是也同样能够做得很好吗？”

“是的，妈妈。我用脚做的很多事情甚至比其他小伙伴做得还要好呢！”小马克自豪地说。

“听着，孩子，每一个人都拥有一副坚强的臂膀和一双强有力的手。而这些东西并不是只有外在的表现形式，它们还装在我们自己的心里，只要你不放弃，它就会帮你战胜一切困难和挫折。”

苏菲娅的心事

当孩子的成绩不够理想时，父母不能对孩子不理不睬，甚至打骂，这样做会让孩子失去学习的兴趣。最好的办法是对他进行鼓励。

苏菲娅放学回家，把书包往书桌上一扔，就跑去厨房找妈妈。她边跑边从口袋里掏出她的成绩单。来到妈妈跟前，苏菲娅递上自己的成绩单，笑着说：“妈妈，看看我的考试成绩吧。”

妈妈看一眼，有两个B，四五个C和好几个D，感觉很一般，就平淡地说：“哦，去把成绩单放到爸爸的书桌上吧，等他回来给他看。”说完就回头继续做她的事。

苏菲娅有些失望，她一声不响地回到自己的房间。直到晚饭的时间才走出来，而且在饭桌上也很少说话。就这样大概持续了两个星期的时间，苏菲娅一直都很沉默，没有了苏菲娅的欢声笑语，家里变得很安静。妈妈感到一定是发生了什么事情，她特意找了一个时间去问苏菲娅：“亲爱的，发生什么事情了吗？这都两个星期了，你始终那么沉默，对妈妈都不多讲话。告诉妈妈，是什么让你不开心了呢？”

一听妈妈这样问，苏菲娅的眼泪就掉下来了，她哭着说："妈妈根本就不关心我的成绩，即使我努力了妈妈也不知道，那我努力不是白费了吗？"

这一下妈妈着急了，她怎么会不关心女儿的成绩呢。赶忙继续问，终于知道了事情的原委，原来苏菲娅非常在乎给妈妈看成绩单时妈妈那种冷淡的反应，因为她认为自己最近很努力，这次成绩虽然不好，但是已经有了明显的进步，她希望妈妈能够看到这个进步，并称赞她一番，可是妈妈却那么冷淡。

听完苏菲娅的哭诉，妈妈愣了，她想："我也看了这次的成绩单了，并不是很好啊。那我该有什么反应呢？"

希望孩子能够好好读书，就不能只在意孩子的成绩单，而是应该看到孩子的进步。要在恰当的时候给予赞美，通过赞美让孩子增强克服困难的信心，并相信只要努力就会取得好成绩，以增加自我的学习动力。

名次与奖赏

给孩子设定一个适当的目标是十分重要的，太高的目标会让孩子看不到希望，从而更加消沉。因此，一定要帮助孩子制订最切实际的目标，这样才能够激发孩子的斗志，帮助他取得成功。

儿子的学习成绩一直上不来，班里 60 个人，期中考试时，儿子排在第 52 名。为了激发儿子学习的动力，父亲说："儿子，这个学期期末考试的时候，如果你能考到全班前十名，爸爸就把那部最新型号的游戏机给你买回家。"

这位父亲当然了解儿子的嗜好，他要用前几天出去玩时儿子在一家商店看上的游戏机来做诱饵，心想："有了这个诱饵，不愁你不上钩。"结果，这位父亲打错了算盘，他的儿子根本没有像他想象得那样刻苦学习，到了期末考试成绩出来的时候，这位父亲看到的还是儿子排在后面的成绩。

这位父亲非常生气，他不知道什么才能够激发儿子学习的劲头。正在苦恼的时候，一个朋友来做客。得知这个情况后，朋友建议道："我看最好的办法莫过于把目标定得低一些，比如 40 名。"

"40 名？这也太靠后了，还不到全班的一半，连中等都算不上，为什么还要给他奖励呢？"

固执的学生

无论是父母，还是老师，都不要轻易断言孩子的前途。

一次上物理实验课，老师按照平常的惯例，给每个学生发了一张纸条，把操作步骤写得清清楚楚。爱因斯坦也照例把那张纸条揉成团塞进自己口袋。然后，再扔进废纸篓里。他总是有自己的想法，而不想遵循那一套僵化的操作步骤。

就在爱因斯坦低头观察玻璃管里闪动的火花时，“轰”的一声响，他的右手马上变得鲜血淋漓。师生都围了过来。老师得知情况后很是生气。他赶忙去向学校相关领导汇报爱因斯坦的情况，并坚决要求对这个一意孤行的学生严肃处分。在此之前，他已经因爱因斯坦有好多次没去上他的课而向相关领导要求对爱因斯坦提出警告了。

两周很快就过去了，爱因斯坦又在校园里同那个物理老师碰面了。物理老师遗憾地对爱因斯坦说：“可惜你啊！为什么不去选择医学、法律或语言学，而非要选择物理学呢？”

爱因斯坦听得不是很明白，但是老师认定，像爱因斯坦这样不听话的学生根本不可能进入物理学的殿堂。

“可是老师，我喜欢物理，而且我也认为我具备研究物理学的才能。”爱因斯坦说。

这个回答让老师大吃一惊，他感到眼前这个学生实在是太固执了！他摇了摇头，又叹气道：“我也是为你好！”

最终的结果证明这位老师的断定是错误的，因为爱因斯坦最后成了一位著名的物理学家。

试想，假如当初爱因斯坦真的听了这位老师的“忠告”改学医学、法律或语言学什么的，那么世界物理学界就会损失一位巨星！令人欣慰的是，这个学生把他的固执坚持到底了。他选择走自己认为正确的路，继续刻苦研读物理学大师的著作，不因他人的态度而退缩。

卑微的伟人

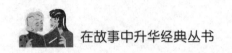

不要因为自身的不利条件而自卑，特别是孩子，家长应该让孩子明白，机会在每个人面前是均等的，只要努力，就一定能够取得成功。

一位黑人父亲带着他的儿子去参观梵·高的故居，儿子看到了梵·高的小木床和裂了口的皮鞋。

儿子问父亲：“爸爸，难道梵·高不是一位百万富翁吗？”

父亲说：“儿子，梵·高是位穷人，他连妻子都没娶上。”

后来，这位黑人父亲又带着儿子去了丹麦。他们去参观安徒生的故居，眼前是一栋破旧的阁楼。

儿子又十分困惑，他问父亲：“爸爸，安徒生不是生活在皇宫里吗？怎么他的故居却是这栋阁楼呢？”

父亲说：“安徒生的父亲是一位鞋匠，他就生活在这里。”

这位黑人父亲是一名水手，他总是往来于大西洋的各个港口，而他的儿子名叫伊东布拉格，是世界历史上第一位获普利策奖的黑人记者。

几十年过去了，每当回忆起童年，伊东布拉格就会说：“那个时候，我们家里非常穷，而且还是黑人，父母都靠卖苦力为生。有相当长的一段时间，我都认为像我们这样地位卑微的黑人是根本不可能有什么出息的。可是，自从父亲带着我去了梵·高和安徒生的故居，我才认识到黑人本身并不卑微，通过梵·高和安徒生的经历，我才认识到：上帝没有轻看黑人。”

生命的价值

教育的目的就是让孩子认识到自己的价值，并去珍惜它。

有这样一个孩子，他非常孤独、悲观。有一天，他去问智者：“请您告诉我，我是一个没有人看得起的孩子，这样活着究竟有什么意思呢？生命的价值到底在哪里啊？”

智者递给男孩一块色彩斑斓的石头，并对他说：“你把它拿到集市去，但无论谁要买这块石头，你都不要卖。”

男孩满腹狐疑，他认为这块石头虽然很好看，但是怎么会有人肯花钱买呢？

但是，他还是按照智者的话，来到了集市上。石头摆在那里，第一天、第二天都无人问津，到了第三天终于有人来询问了，但是，男孩按照智者的吩咐，不卖。到了第四天，这块石头就已经能卖到一个很好的价钱了。这时，男孩急忙跑到智者那里，告诉他那块石头目前的价格。

智者听后又对男孩说：“你把石头拿到石器交易市场去吧。”结果，几天后，石头的价格已被抬得高出石器的价格了。

男孩又跑回去找智者，告诉他情况，智者又说：“好了，现在你再把石头拿到珠宝市场去……”

结果，一到珠宝市场，居然有人出比昨天高10倍的价钱要买那块石头，这让男孩大吃一惊。但是由于男孩怎么都不肯卖的缘故，那块石头便被传扬为“稀世珍宝”。

男孩大惑不解，他跑去问智者，智者说：“人的生命价值就好比这块石头，不同环境会赋予它不同的意义。这块石头本来是没有什么特别之处的，但是因为你的珍惜使得它的价值不断提升，直至被说成是稀世珍宝，每个人都像这块石头一样，只要自己看重自己，热爱自己，那么生命就是有意义、有价值的。”

相信自己

当自己的想法和意见得不到众人的理解与支持，前行的脚步遇到阻挡和羁绊时，不要动摇自己的思想和信念，要相信自己。

玛丽娅家住在一个农场附近，她已经上二年级了。一天，她哭着跑回家对母亲说：“妈妈，班里一个同学说我又丑又笨，还说我走路难看极了。”母亲听后，只是微笑。

忽然，母亲说："玛丽娅，你能摸得着上面的天花板。"泪流满面的玛丽娅听到母亲的话感到很吃惊，她好像没有听明白母亲的意思，就反问道："什么，妈妈？"

"你能摸得着上面的天花板。"

玛丽娅不哭了，她抬头看了看天花板。又开始哭了，她认为妈妈也在捉弄她，因为天花板那么高，就算是让爸爸过来也摸不着，她怎么能摸得到呢？

母亲一看她刚刚停止就又开始哭了，就又笑了起来，和蔼地说："亲爱的玛丽娅，你是不相信吧！既然这样，为什么还要相信那个同学的话呢？有些人说的话并不是事实！"

玛丽娅终于明白了，不应该太在意别人的话，而应有自己的判断！

长大后，玛丽娅成了一名歌星。一次，她准备去参加一个公益活动，可是那天，雪下得很大，经纪人告诉她，这么大的雪，完全没有必要去参加这种对你的演艺事业没多大帮助的活动。玛丽娅也明白经纪人的意思，是想让她参加一些大型的集会和活动，只有这样才能提升她的名气。可是玛丽娅始终坚持自己的想法，因为她相信自己做的是正确的。

那次公益活动因为有了玛丽娅的参加，获得了圆满成功。而玛丽娅也因此得到了各方面的赞许，其名气和人气也因此日益提升。

"我"是第一

当孩子满足于现状的时候，请及时为他指明前进的方向。

理查·派迪是一位著名的赛车手，他因赢得奖牌数最多而成为运动史上的一颗耀眼的明珠。有记者采访他时，问到是什么让他能够在赛场上勇往直前的。他回忆起第一次赛完车回家后的情景。

那天，他赛完车回到家里，冲进家门就抑制不住内心的喜悦，高喊道："妈妈！我跑了第二名，这次有35辆车参加比赛！"

"噢，你输了！"母亲答道。

"可是，妈妈！"他抗议道，"难道您不认为我第一次就能跑个第二是一件很不错的事情吗？再说了，还有那么多车参加比赛。"

“理查！”妈妈严厉地说，“你用不着跑在任何人后面！”

这句话让理查·派迪一下子安静下来。于是，在接下来的20多年中，理查·派迪一直称霸赛车界。他的许多项纪录至今还未被打破。

他说，那天与母亲的对话为他的成功带来巨大的影响，他时刻牢记母亲的话——“理查，你用不着跑在任何人后面！”

别说“我不能”

自信比金钱、势力、出身更有力量，是人们从事任何事业的最可靠的资本。家长应该十分重视培养孩子的自信心。

安妮是阿拉斯加州一个小镇上的小学老师。

一天，她给学生上了一节非常生动的课。她让学生在纸上写出自己不能做到的事。所有的学生都全神贯注地埋头在纸上写着。一个9岁的小男孩在纸上写道：“我无法把球踢过第二道底线”“我不会做4位数以上的乘法”“我不知道怎样才能让皮特喜欢我”“我总是不能把秋千荡得很高”……他已经写满了半张纸，但毫无停下之意，依然在埋头写着。

每个学生都很认真地在纸上写下了一些句子，述说着他们做不到的事情。

安妮老师也正忙着在纸上写着她不能做到的事情，比如“我不知道怎样才能让詹姆斯的母亲来参加家长会”“除体罚之外，我不能耐心劝说约翰”，等等。

大约10分钟的时间，大部分学生已经写满了一整张纸，个别的已经开始写第二页了。“各位，写完一张纸就行了，不要再写了。”

等所有的学生把写好的纸都投入盒子里以后，安妮老师也把自己的纸投了进去。然后，她把盒子盖上，夹在腋下，带着学生走出教室，沿着走廊向前走。

走着走着，队伍停了下来。只见安妮老师走进了杂物室，出来的时候手里拿着一把铁锹。然后。她一只手拿着盒子，另一只手拿着铁锹，带着大家来到运动场最边远的角落里，放下盒子开始挖起坑来。

大家你一锹我一锹地轮流挖着，坑挖好后，安妮老师让他们把盒子放进去，然后再盖上泥土。这样，每个人的所有“不能做到”的事情都被深深地埋在了这个“墓穴”里，埋在了将近1米深的泥土下面。

然后，安妮老师注视着围绕在这块小小的“墓地”周围的30多个八九岁的孩子们，神情庄重地说：“好了，各位，现在请你们手拉着手，低下头，我们准备默哀。”

“朋友们，今天很荣幸能邀请大家前来参加‘我不能’先生的葬礼。”安妮老师庄重地念着悼词，“‘我不能’先生在世时，曾与我们朝夕相处，您影响、改变着我们每一个人的生活，有时甚至比我们周围任何一个人对我们的影响都要深刻得多。您的名字几乎每天都要出现在各种场合，比如学校、议会，甚至是白宫。但这对我们来说是非常不幸的。

今天，我们已经把您安葬在此，并为您立下了墓碑，刻上了墓志铭。希望您能够安息。愿‘我不能’先生安息吧，也祝愿我们每一个人都能够振奋精神，勇往直前！阿门！”

接下来，安妮老师就为“我不能”做了一个纸墓碑。

安妮老师把这个纸墓碑挂在了教室里。每当听到哪个学生在无意中说出：“我不能……”时，她只要一指这个象征死亡的标志，大家便会想起“我不能”先生已经死了，然后就会去想出积极的解决方法。

给心灵吃点冰淇淋

孩子总是很纯洁的，不要嘲笑孩子美好的愿望和真诚的行为，多多地支持他们的想法，让他们感受生活的快乐吧！

冰淇淋是孩子的最爱，尤其是女孩子。一天，爸爸带玛雅在餐馆用餐，玛雅诚心地祷告：“亲爱的上帝啊，用完餐后我还想吃一个冰淇淋，你能满足我的愿望吗？我会非常感激您的。阿门。”

邻桌上有一个衣着华丽的贵妇人，听到玛雅的祷告，她很鄙视：“小女孩怎么这么天真，你难道不知道吃冰淇淋要去买吗？向上帝祷告有什么用，世界上那么多人都有愿望，上帝都会满足他们吗？”

贵妇人的话深深地伤害了玛稚。她不明白向上帝祷告为什么会招来嘲笑。她问爸爸：“我不应该向上帝祈祷吗？上帝会不理我吗？为什么她会这样说？”

正当玛雅为这件事伤心时，一个冰淇淋出现在她面前。一个漂亮的服务员姐姐说：“这是上帝给你的礼物。他说你向他祷告他很高兴。”

“真的吗？”玛雅很激动，因为她的行为得到了认可。

“当然，上帝怎么会骗人呢？他会满足那些心灵善良的人的愿望，你就是其中一个啊！但是，上帝说了，刚才那位夫人从来没有诚心祷告过，也得不到愿望成真的快乐。或者，她应该多吃一些冰淇淋！”服务员微笑着说。

玛雅想了想，决定把冰淇淋送给那个贵妇人。她开心地说：“看吧，上帝满足了我的愿望。上帝还说，你需要很多的冰淇淋。所以，这个冰淇淋给你吧。以后要记得向上帝祷告噢！”

帮助孩子树立自信

自信的孩子才会奋发图强，自强的孩子才会有所作为。

天下的父母总是望子成龙。有这样一个著名的作家，他母亲从小就希望他能有所建树，在成长的过程中，他遇到过许多挫折，但母亲一直相信他，在他身边鼓励他。

这位作家的数学很不好，上学的时候经常被老师批评，而他也习以为常了。母亲得知这一事情后，态度很坚决，她对儿子说：“你的老师不了解你。总有一天他们会后悔批评了你。我明天就去学校让他们读一读你写的诗，告诉他们你将来会成为维克多·雨果，他们将会把你的名字刻在学校的墙上！”

母亲的这些话给了儿子不小的震动，从那一刻起，儿子确定了：将来要成为一位作家，一位让母亲自豪的作家。

儿子每天都在努力，每当他有了进步，哪怕只是一丁点，母亲都会大大地夸奖他。除此之外，母亲还把他的作品视为珍宝，拿给邻居欣赏，他备受鼓舞，对于梦想也越来越坚定。后来，他写的小说——《老人与海》广泛地受到了人们的喜爱。他就是海明威。

海明威说："人的自信不是与生俱来的，人人都畏惧黑暗，但是有母亲的时候，就有了方向……在母亲的帮助下我树起了梦想，我开始相信自己……"

优势与劣势

我们不要老盯着孩子的缺点，而要看到他的优点，只有这样，我们才能够诱导孩子将缺点转化为优点。

一个 11 岁的小男孩，不幸在一次车祸中失去了左臂，但是他却非常想学柔道。

最终，小男孩去拜一位日本柔道大师为师傅，开始的时候，他学得非常好，可是练了 3 个月后，师傅依然在教他来时的那一招，小男孩很疑惑，他不明白师傅为何要这样做。

终于有一天，又开始练习的时候，他忍不住问道："师傅，我是不是应该再学学其他招呢？"

师傅说："不错，你的确只会这一招，不过你只需要会这一招就足够了。"

小男孩听后仍旧不是很明白，不过，对于师傅所说的，他坚信不疑，于是就继续很认真地照着师傅的教导练了下去。

几个月后，师傅第一次带着小男孩去参加比赛。小男孩没有想到自己居然可以非常轻松地就赢了前两轮。到了第三轮的时候，虽然稍稍有点艰难，但是由于对手很快就变得急躁，并连连进攻，而这个时候，小男孩还是非常敏捷地施展出自己的那一招，又赢了。就这样，小男孩非常顺利地进入了决赛。

决赛的对手高大、强壮，且经验丰富。小男孩曾一度显得有点招架不住，裁判也担心小男孩会受伤，于是就叫了暂停，并打算就此终止比赛。可是师傅却不答应，他坚持说："继续比赛！"于是，比赛重新开始，这次，对手放松了戒备，小男孩便立刻使出了他的那一招，结果一招制胜，赢了比赛，得了冠军。

回家的路上，小男孩同师傅一起回顾每场比赛的所有细节，小男孩怎么都想不通，自己就学了这一招，却能赢得冠军。于是他鼓起勇气道出了心里的疑问：“师傅，我怎么就能凭一招赢得冠军呢？”

师傅说：“主要有两个原因，第一，你基本掌握了柔道中最难的一招；第二，据我所知，对付你这一招唯一的办法就是抓住你的左臂，然而，你却没有了左臂。所以，孩子，我想告诉你，有时候，人的劣势未必就是劣势，只要善于利用，就很可能转化成优势。”

人无完人，每个人都有自己或大或小的劣势，愚蠢的人往往会使他自身的劣势愈加明显，而聪明的人则不会让劣势成为自己发展的绊脚石，而是善于将其转化为优势，从而促进自己的发展。

倒下后的站起

父母都希望自己的孩子能够成为强者，一旦孩子失败，就对孩子横加贬斥。这是不对的，父母要看到孩子的进步，而不要太在意结果。

一位父亲一直都为他的儿子苦恼，儿子都已经 16 岁了，却依然没有一点儿男子汉的气概。对此，他实在没有什么办法了，于是他就去拜访一位拳师，请求这位武术大师来帮助他训练自己的儿子，希望能够把儿子塑造成男子汉的形象。

拳师说：“那好吧，请把你的儿子留在我这里半年，这半年期间你不要见他，半年后，我一定会把你的儿子训练成一个真正的男子汉！”

转眼间，半年过去了，这位父亲迫不及待地来接自己的儿子，拳师还特意安排了一场拳击比赛来向这位父亲展示他半年来的训练成果，与男孩对打的是一名拳击教练。比赛开始了，教练一出手，男孩便应声倒地。但是，男孩一倒地就立即站起来迎接下一次挑战，倒下去又站了起来……如此来来回回大概二三十次。

最后，拳师问这位父亲：“你认为你的儿子是否已经具备了男子汉气概呢？”

“我简直无地自容了，没想到我送他来这里训练了半年，他却依然这么不经打，这么轻易就被人打倒了，还谈何男子汉气概呢？”父亲失望地说道。

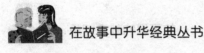

拳师意味深长地说：“我很遗憾，因为你只是看到了比赛表面的胜负，却并没有看到你的儿子在一次次倒下后又立刻站起来的勇气和毅力。而这敢于面对挑战、永不放弃的勇气才是真正的男子汉气概啊！”

人生的道路漫长而曲折，总有人因为某种原因而倒下，然而倒下却并不是最终的结局，只要倒下去又立即站起来，就会成为最终的强者。

第四章

天才成长的养料

语言是学习的基础

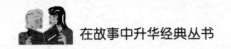

教孩子说话确实是件困难的事，尤其是对孩子的第一任老师——父母而言，面对那等待学习说话的儿女更需付出一份非常的努力。

卡尔·威特在教孩子说话方面做得非常出色。

在小威特稍大一些后，父母就开始非常注重对他的语言教育。在餐桌上，父母会教他餐具和食物；平常的时候会教他身体的各部位、衣服的各部分、室内的器具和物品，以及房子的每一处；到室外活动的时候，会教他花草树木的名称，有时候也会教小威特一些相关的动词和形容词等。这样的方式使小威特的词汇日益丰富。这个时期，他们坚持每天做这样的练习。

当小威特开始有了可以说话的迹象时，父母就开始坚持每天给他讲故事。威特的父母认为对幼儿讲故事是最为重要的事情。因为孩子初到这个世界上，一切都很陌生。面对一无所知的世界，孩子会手足无措，这时候，应尽早让他知道这个世界，越早越好。而故事便是培养孩子对这个世界的亲和力的最好媒介。

讲故事有太多的好处，它不仅可以扩大孩子的知识面，还能进一步丰富孩子的词汇。威特夫妇并不是一味地给孩子讲故事，为了产生最佳效果，他们还要让孩子复述已经讲过的故事。

在不断地进行生动的教育后，终于得到了良好的效果。据说，小威特五六岁时就已经掌握了3万多个词汇，而这么大的词汇量，即使是对一个中学生而言，都是非常惊人的。

威特父亲在教孩子语言时，特别注意的是不教给孩子半截儿话。威特父亲认为，教孩子半截儿话，如“丫丫”（脚）、“汗汗”（狗）、“咪咪”（猫）之类的语言对孩子语言的发展有害而无益。他说，在孩子两岁左右时，只要缓慢、清晰地教他说正式的语言，一般情况下，孩子都能发出音来。当然了，像“丫丫”“汗汗”这样的词发音确实容易一些，但是那些正式的语言孩子也是可以学会的，既然如此，为什么还要把本来教了就可以学会的东西放在一边，去教那些半截儿话呢？这样岂不是很愚蠢？

因此，威特父亲从来都不教儿子半截儿话，为了使孩子在一开始就学到标准的语言，威特父亲总是反复清晰地发音给儿子听，耐心地教他标准德语。并且一旦儿子做到了准确发音，威特父亲就会摸着儿子的脑袋表扬道："说得好！说得很好！真是好样的！"而一旦小威特发音不标准，威特父亲就会对妻子说："瞧，你儿子不会说什么……"妻子就会回答说："真的吗？我儿子连那样的话都不会说吗？"这样一来，小威特的自尊心受到些许打击，为了不让父母小瞧，他也会主动卖力地学标准语言。当然，功夫不负有心人，在父母的不懈努力和执著坚持下，小威特从小的发音就非常准确，而且不到两岁的时候，就可以缓慢、清晰、流畅地与大人进行简单的交流了。

在教儿子发音准确的同时，威特父亲还注意儿子的表达方法，他不让儿子仅仅停留在儿童的表达方法上，而是教儿子逐步了解和使用复杂的措辞，并且力求这些措辞准确生动。为此，威特父亲要求家人必须相互配合，所有的人都得严格要求儿子，而不能一个严格要求，一个却纵容孩子。妻子也很赞同，因此，他们总是配合默契，并且还以身作则，在自己说话时坚持力求发音标准，语言规范，精选恰当的词汇。

另外，威特父亲还严禁仆人说方言和土话。他只许儿子记标准德语。因为只要能够记住标准读法，儿子就可以毫不费力地读懂书上写的东西。

除了卡尔·威特，许多著名教育学家都认识到语言教育在儿童早期教育中的重要意义。日本索尼电器公司创始人及名誉董事长井深大先生在其所著的《从 0 岁开始的教育》一书中指出：孩子从出生那一刻起，就在被动地接受各种信息，倘若大人可以有选择地给孩子输入一些有用的信息，就会有效地刺激孩子大脑神经的发育，这对开发孩子的智力潜能，是非常重要的。他甚至大胆地主张，孩子出生后 15 天，就应该对孩子输入有用信息了。

1 加 1 大于 2

要教会孩子勤于思考，因为商机永远存在于会思考的脑袋里。

在奥斯维辛集中营，一个犹太人对他的儿子说："孩子，我们现在失去了很多，但是我要告诉你，我们并非一无所有，我们还有着唯一的财富，那就是智慧，当别人说 1 加 1 等于 2 时，你却应该想到 1 加 1 大于 2。”后来，奥斯维辛集中营里有 50 万人被毒死，这对父子却幸运地活了下来。

1946 年，父子俩来到美国，他们在休斯敦开始做铜器生意。一天，父亲问儿子 1 磅铜的价格是多少？儿子说是 35 美分。父亲说：“是，整个德克萨斯州的人都知道每磅铜的价格是 35 美分，但是儿子，你作为犹太人的儿子，却不能跟他们说的一样，你应该说 1 磅铜的价格是 3.5 美元。试着把一磅铜做成门把手看看。”

20 年过去了，父亲去世了，儿子开始独自经营那家铜器店。这时，他开始做铜鼓、做瑞士钟表上的簧片、做奥运会的奖牌。他曾把 1 磅铜卖到 3 500 美元，而此时，儿子已是麦考尔公司的董事长了。

然而，这还不算什么，真正使他扬名的是纽约州的一堆垃圾。

1974 年，美国政府在清理翻新自由女神像时扔下了一堆废料，他们向社会进行广泛招标。然而，好几个月过去了，却依然无人应标。这个时候，正在旅行途中的他听说后，马上飞往纽约，他看了看自由女神像下那些堆积如山的铜块、螺丝和木料，在没有提出任何条件的情况下，就找到有关部门，当即签了字。

他的愚蠢举动使得纽约的许多运输公司暗自发笑，其他的企业也对此颇为不解。因为在纽约州，垃圾处理是有着极其严格的规定的，万一有什么问题的话，就会被环保组织起诉。他们都在等着看笑话时，他已经动工了。他首先组织工人对废料进行分类。然后，他又让人把废铜熔化，铸成了小自由女神像，并且把木头加工成底座；那些废铅和废铝被做成纽约广场的钥匙。最后，他甚至把从自由女神像身上扫下来的灰尘包装起来，卖给花店。用了不到 3 个月的时间，那堆在旁人看来一文不值的废料居然在他的手中变成了 350 万美元。而这个价格要比父亲当年所说的每磅铜的价格整整高出了 100 万倍。

拆与装

生存的技巧就在于你敢不敢去探索知识、去探索未来。家长应当呵护孩子的好奇心，支持孩子求知的行为，并在这个过程中向他灌输更多的知识。

埃瑞克5岁了，他聪明伶俐，活泼好动，对任何事物都有强烈的好奇心。

一天，妈妈在洗衣服，爸爸在修剪草坪，埃瑞克独自在花园里玩耍。他正在摆弄哈里叔叔昨天送给他的玩具汽车。他不明白为什么这个小汽车可以用“遥控”器控制，想让它跑就跑，想让它停就停，或许是汽车里头装着什么神奇的东西。为了看个究竟，他动手把小汽车拆开了。可是，并没有找到答案，麻烦却来了，他无论如何都装不上了。

妈妈晾衣服路过他身边的时候，看到了玩具汽车已经成了一堆零件，便生气地说：“你太顽皮了。哈里叔叔送给你的礼物，才两天，就被你拆成这样了，不仅哈里叔叔知道了会生气，爸爸妈妈也不会喜欢破坏东西的孩子。看爸爸怎么收拾你吧。”

埃瑞克有些害怕了，他不安地等待着爸爸的惩罚。可是爸爸边修剪草坪边说：“埃瑞克，稍等一下，爸爸马上就把草坪修剪好了，等一下我们一起把玩具装好，可以吗？”

埃瑞克很高兴爸爸知道他不是故意破坏玩具的。过了一会儿，爸爸修剪好草坪就过来了，他同埃瑞克一起摆弄起这些零件来。不一会儿，玩具汽车就装好了，看着埃瑞克惊喜的表情，爸爸说：“埃瑞克，如果你没有看明白玩具的构造，我们就再把它拆开重新装一遍。”就这样，在拆装玩具的过程中，爸爸不断地给埃瑞克讲解玩具的构造，并鼓励埃瑞克自己完成组装小汽车的任务。几个小时过去了，在同爸爸一起反复地拆装后，小埃瑞克终于在爸爸不插手的情况下，又把玩具恢复了原状。这次，埃瑞克学到了很多机械知识。

很多时候，孩子都是爱惜自己的玩具的，他之所以将其拆开，并非是要故意破坏，而是想弄明白一些事情，这是求知欲的表现，说明孩子可以自己去看待问题、研究问题了。对于这种情况，父母不应一味批评，或者严令禁止，这样会扼杀孩子的好奇心和求知欲。

可怕的经验

扼杀孩子探索知识的天性，就是阻断孩子成为天才的路。

可怜天下父母心，没有父母不盼着自己的孩子成才的。然而，他们或许不知道，很多时候，仅仅是对孩子兴趣和好奇心的一点点不耐烦或批评，就可能断送孩子的一生。

一位母亲带着自己 7 岁的儿子去拜访一位著名的化学家，她想了解这位成功人士是如何踏上成才之路的。

那位化学家并没有大讲他的成功之道。而是带着他们进了实验室。

小男孩是第一次进入实验室，他从来没有见过这么神奇的地方，实验室里到处都有各种各样的瓶子和装在里边的五颜六色的液体，他看了看化学家，又看了看自己的母亲，又好奇地扫视了一遍整个房间。他太兴奋了，他情不自禁地试探性地把手伸向盛有蓝色液体的瓶子里。突然，背后传来了一声急切的断喝，是母亲快步走到小男孩跟前，小男孩吓得赶忙缩回了手。

母亲向化学家说了句抱歉，并要求化学家回答自己刚才提出的问题。

谁知，那位化学家却笑了起来，他说："我已经回答你的问题了。"

母亲疑惑不解，她看了看儿子，又看了看化学家，始终不明白化学家的答案是何时告诉自己的。当然，更不知道说的是什么。

化学家把自己的手放进那瓶蓝色的液体里，笑着说："其实这只不过是一杯染过了颜色的水而已。你的一声呵斥出自本能，但也因此呵斥走了一个天才。"

生活中不乏这样的父母，他们总以自己的经验来约束孩子的好奇心，殊不知，父母的经验可能会成为孩子探索创造的绊脚石。

牛顿与祖母

孩子对某种事物或学科的兴趣和思考就是一颗优秀的种子，种子的成长状况如何就要看培植它的土壤怎么样，父母的教育就是孩子成长的土壤。父母应该为"种子"提供丰富的养料和良好的生长环境。

牛顿出生于英国林肯郡的一个农民家庭，出生前两个月父亲就去世了。两岁那年，母亲改嫁，从此，小牛顿与祖母相依为命。

时间过得很快，一眨眼的功夫，小牛顿就上学了。但是，刚开始的时候他的学习成绩并不是很好，而且他性格孤僻。不过，小牛顿却很爱动脑筋，总是提出一些十分古怪的问题，祖母对小牛顿的提问总是倾其所能地给予答复。因为她认为，孩子来到这个世界上，一切事物对他而言都是陌生的、新奇的，喜欢发问是正常的。

一天，小牛顿又问祖母："为什么那风车没人推却能转动呢？"

祖母笑着说："是因为风吹动了风车，是风力推着它转动的。"

"那风又是从哪里来的呢？"

祖母耐心地说："我想你应该注意过，天气是变幻莫测的，有时晴，有时阴。晴天时，人们往往会感觉呼吸畅快，那是因为晴天的时候气压高；阴天时，人们就会感觉沉闷，那是因为阴天时气压低。气压高的地方空气浓重，气压低的地方空气稀薄，空气浓重地方的气流就会向空气稀薄的地方流动，就这一流动，就形成风了！"

小牛顿不住地点着头，表示已经明白了。

小牛顿不光喜欢问问题，他还对制作各种机械玩具有着浓厚的兴趣。而且，他制作的玩具都很有创造性，看起来与众不同。

一次，祖母突然发现小牛顿一连几天放学回来得都很晚，而且回来的时候，总是发现他手里拿着一些小木片、小铁钉、细铁丝等。匆忙吃完晚饭后，他就独自坐在灯下认真地刻呀，削呀，有时还会停下来，在屋里到处找寻东西，有时还用小铁锤不停地敲打。虽然，家里不得片刻安宁，但是祖母并未责备他，她知道，她的小孙子一定是又在搞什么小发明！

果然，没过几天，小牛顿拿着他刚刚做好的一架小水车站在祖母面前。

祖母一看，满脸的皱纹都展开了，对他的这件作品赞不绝口。

第二天放学后，牛顿拿着自制的小水车，同他的同学们一起兴致勃勃地向小溪边走去，他准备试验一下他的小水车。结果一试，居然真的转动起来了，而且灵巧极了。看着自己的作品，小牛顿心里高兴极了。

正在高兴的时候，有一个非常淘气的同学跑了过来，他一脚踩到了小水车上，小水车就这样被踩坏了。小牛顿非常伤心，他呆呆地站在那里好久。后来，小牛顿悻悻地回到家中，边哭边向祖母讲述事情的经过。祖母慈爱地抚摸着小牛顿的头说："我的孩子，不要难过，我们一起来再做一个，怎么样？"

祖母的教育和关怀，为小牛顿提供了一个良好的学习环境，他对科学越来越感兴趣。后来，他终于成为举世闻名的大科学家。

从小接触各种艺术

艺术能够愉悦身心、陶冶情操、增长智力，注意培养孩子的艺术细胞，会使孩子身心更健康，使孩子更加聪明乐观。

不是所有的孩子都能够成为艺术家，但是最起码他们可以成为热爱艺术，懂得欣赏艺术的人。因此，条件允许的时候，应尽量教给孩子一些音乐知识。不要认为不想使孩子成为音乐家，再教他音乐就是浪费时间。要知道，生活中如果缺少了艺术，就如同生活在荒野中。

斯特娜夫人出生于美国，曾就读于哈佛大学拉德克利夫学院，并在宾西法尼亚州匹兹堡大学教语言学。她在仔细阅读卡尔·威特的书籍之后，开始教育自己的孩子，同样取得了非常显著的效果。斯特娜夫人别具一格、清新实用的教育方法，对成千上万的中国父母产生了巨大的影响。

斯特娜夫人的女儿维尼夫雷特在母亲的教育下，3 岁时就会写诗歌散文，4 岁就可以用世界语写剧本，5 岁时已经掌握了 8 种语言。从 5 岁那年开始，她的诗歌和散文就被各种报刊刊载，其中有的被汇集成书，获得很多好评。

斯特娜夫人也非常注重培养女儿的艺术修养，她认为，艺术能够使孩子思维活跃。

因此，在女儿很小的时候，斯特娜夫人就开始培养女儿的乐感，她曾买了能发出乐谱中的 7 个音的小钟，让孩子在玩的时候，轻松识别音符。斯特娜夫人还每天坚持播放古今名曲给女儿听，有时候，还会让保姆给女儿唱歌。

为了教女儿乐谱的读法，斯特娜夫人总是想一些与此有关的游戏。比如她在屋中把东西藏起来让女儿找。这是儿童经常玩的游戏，不同之处是，为了使游戏更具艺术色彩，斯特娜夫人还利用了钢琴。比如，当女儿一走近藏东西的地方时，她就会渐渐弹出低音。走远了，她就会渐渐弹出高音。假如女儿不注意声音的高低，则不会轻而易举地找到被藏起来的东西。这一方法对训练女儿的艺术感觉产生了非常好的效果。

为了使孩子形成节奏和音调的观念，斯特娜夫人还会教女儿跳舞。她还建议那些不会唱歌也不会乐器的母亲，最好每天给孩子听唱片。斯特娜夫人常常同女儿一起随着音乐翩翩起舞。斯特娜夫人认为舞蹈能够使人体形优美，同时可以使身体更健康。

在教孩子练琴时，斯特娜夫人反对只注重技巧的方法。她有一位朋友，曾为孩子请过一名小提琴教师。在半年之中，这位老师只教孩子练习技巧，致使孩子不仅没有学会音乐反而开始对音乐产生厌恶情绪。而小维尼练习小提琴时，斯特娜夫人总是用钢琴给她伴奏，这让孩子总是很愉快。对音乐的兴趣也日益浓厚。

女儿的成长过程始终伴随着音乐和舞蹈，因此，她几乎没有多少日子是不愉快的。斯特娜夫人始终坚持她的观点，坚持她对女儿进行的艺术细胞的培养。事实证明，她的这种教育方式是成功的。

数学可以很有趣

世上无难事，只怕有心人。在教育孩子方面，只要父母坚持不懈，就一定会朝着自己希望的方向发展。为了孩子，请做个“有心人”。

斯特娜夫人非常注重女儿的全面发展，但是她却发现女儿对数学并不是很感兴趣。为了培养女儿对数学的兴趣，斯特娜夫人曾通过游戏法很容易地教会了女儿数数，然后又用做买卖的游戏很容易地教会了女儿钱的数法。可是，当她教女儿乘法口诀时，却没有前面那么顺利：这是女儿有生以来第一次厌弃学习。通过这件事，斯特娜夫人发现孩子也是非常厌烦死记硬背的。为此，她又把口诀编成了歌词教给女儿唱，可是依然不见效果。

女儿小维尼已经 5 岁了，她已经可以用 8 个国家的语言说话，并且还在报刊上发表了许多诗歌和散文，其神话、历史和文学方面所掌握的知识均已达到中学毕业生的水平，可是，在数学方面，女儿却依然不会背诵乘法口诀。

为此，斯特娜夫人苦恼了。尽管她很担心女儿偏科，但是却并未强迫女儿死记硬背乘法口诀，因为她知道“强制”灌输根本行不通，这样不仅不会帮助孩子真正学到知识，而且还很容易扭曲孩子的性格。

为了消除这个烦恼，斯特娜夫人去拜访了洪布鲁克教授，洪布鲁克女士是芝加哥斯他雷特女子学校的数学教授，她在数学教学方面有着非常高明的技巧。

听完斯特娜夫人的担心后，洪布鲁克说：“尽管你女儿的确对数学不是很感兴趣，但这决不意味着片面发展，是你的教法不合适。由于你本人喜好语言学、音乐、文学和历史，所以你就能把这些知识通过很有趣的方式教给女儿，女儿也因此学得很好。可是由于你本人不喜欢数学，你就不能很有兴趣地教，女儿也因此厌恶它。”

为了能让女儿对数学产生兴趣，斯特娜夫人向洪布鲁克教授请教了一套教数学的方法。

洪布鲁克教授的建议是让孩子首先对数字产生兴趣，用做游戏的方式来激发孩子的好奇心。例如：可以把糖果或大豆等装入盒子里，母女各抓出一把，数数看谁的多；或者在剥豌豆时，一边剥一边数不同形状的豆荚中各有几粒；等等。

洪布鲁克教授还建议她和女儿一起玩掷骰子的游戏。刚开始的时候是用两个骰子玩，玩法是把两个骰子同时抛出，假如出现 5 和 4，就把 5 和 4 加起来得 9 分。如果出现 3 和 3，就得 6 分然后再比得数，得数大的就有再玩一次的权利。或者是把这些分数分别记在纸上，等玩够 4 次或 8 次后再计算得数，并由此决定胜负。

回到家后，斯特娜夫人便按照洪布鲁克教授的建议教女儿数学，果然取得了很好的效果。

女儿对这类游戏很感兴趣。当然，在女儿尝到这种游戏的乐趣之后，斯特娜夫人仍采取洪布鲁克教授的建议，那就是把女儿每次玩这种游戏的时间控制在一刻钟以内。因为几乎所有的数学游戏都很费脑力，一次游戏一旦超过一刻钟，便会有疲劳之感。在用两个骰子持续了两三周后，她们又把骰子数量增加到 3 个、4 个、5 个、6 个。

接着，斯特娜夫人把豆子和纽扣分成两个一组的两组或三组、三个一组的三组或四组，并把它们排列起来，数数各有多少个，然后在纸上写下结果，最后把这些做成乘法口诀表贴在墙上。如此一来，女儿就懂得了“二二得四，三三得九”的道理，而且高兴极了。更复杂的游戏可以依此类推地继续做下去。

当女儿逐渐对数学产生兴趣后，斯特娜夫人又常常同女儿一起做模仿商店买卖情景的游戏，这样才能使女儿把所学的数学知识运用于实际。“商店”所卖的物品有的用长短计算，也有的用数量计算。价格都是实际价格，钱也是真正的货币。斯特娜夫人经常去女儿开办的“商店”买各种物品，并且用实实在在的货币支付，女儿也会按照价格表进行运算，必要的时候，还得找给妈妈零钱。

另外，每当小维尼学习努力、工作积极或者帮助家里干活儿的时候，妈妈就会付钱给她。同时，小维尼还能不断地收到从杂志社和报社寄来的稿费，她把这些钱用自己的名字存入银行，并计算利息。于是，小维尼对数学的兴趣日益浓厚。

学画的男孩

教育孩子要让他们发挥自身的能动性，人的思想不能局限在一个固定的模式上，只有打破常规，用本性去思考问题，才能取得观念上的突破。

小男孩到了上学的年纪，妈妈把他送到了学校里。

在他的眼里，学校那么大。当他发现他的教室紧挨着校门时，他觉得学校已经没有那么大了。

老师走进教室说：“我们今天学习画画。”

小男孩非常高兴，因为他喜欢画画。他会画狮子、老虎、狼、小猫、小狗……

于是，他忙拿出新买的画笔，在纸上画了起来。

“等一下。”老师突然说。

直到全班的学生都停止了画画，看着老师的时候，老师才说：“现在，我们来学画花朵。”

小男孩赶忙开始用粉红色、橙色、紫色、黄色的蜡笔，画他自己的花朵。

“等等，我来教大家。”老师又把大家打断。

于是大家看到老师用红色的粉笔画了一朵花，又用绿色的粉笔画了茎，然后转过身来，面对大家说：“大家按照黑板上的画吧。”

小男孩看了看老师的花，又看了看自己的，他还是喜欢自己画的花。

尽管如此，他还是按照老师画的那朵花的样子，把花朵画在纸上。

第二天上课后，老师说要学习用黏土做东西。

小男孩在家里也做过，做过蛇、做过小板凳，还做过小汽车……

“我们先来做个盘子。”老师边说边做。

小男孩很快就做出了各式各样的盘子。

“照着老师的做。”老师边说边做，她做了一个深底的盘子。

小男孩还是比较喜欢自己做的盘子。

然而，他还是按照老师的要求，把自己做好的盘子揉在了一起，再照着老师的方法做那个深底的盘子。

很快，小男孩就学会了看着、等着，按照老师的要求做事。直到最后，他已经不再创造自己的东西了。

再后来，小男孩全家要搬到另一个城市，小男孩也转学到了另一所学校。

这所学校更大，而且教室也不在学校门口。他需要爬上楼梯，走过长廊，才能到达教室。

上课的第一天，老师进来说：“今天，我们学习画画。”

小男孩赶忙抬头盯着老师，等着老师往黑板上画画。可是老师说完那一句话就走下了讲台，她什么都不说，只是在教室里来回走。

老师走到男孩身边，看了看男孩，问道：“你不喜欢画画吗？”

“很喜欢啊！我们画什么呢？”

“随便画，自由发挥吧。”

“那我该怎么画呢？”

“画你喜欢的东西就行了。”

“可以用任何颜色吗？”

“当然了，假如所有人都用一个颜色，画相同的图案，那我怎么能知道是谁画的画呢？”老师笑着说。

于是，小男孩赶忙拿起画笔，开始用粉红色、橙色、紫色、黄色画出自己的花朵。

小男孩喜欢这个教室，即使走进教室需要爬很久的楼梯，还要穿过长长的走廊。

地图的背面

孩子的思维是最活跃的，他能想到很多大人想不到的东西。要善于抓住孩子这个特点，并引导他不断向前发展。

希尔顿先生正在准备明天演讲的稿子，小儿子鲁克在一边不停地吵闹。

无奈之下，希尔顿先生随手拿来一本旧杂志，翻开那页世界地图的插页，并将该页撕下来，又撕成碎片丢在地上，对鲁克说："鲁克，如果你能把这张地图拼好，明天我就去给你买那个你向往已久的小坦克模型。"

希尔顿先生以为这样会使儿子花费整整一个上午，甚至还需要下午的时间，这样他就会安静下来了，自己也好静下心来思考问题。

但是，安静了不到10分钟，鲁克就推开了他的房门，手中拿着那份拼好的世界地图。希尔顿先生对儿子以如此快的速度拼好一幅被撕碎的世界地图感到震惊，他问："鲁克，你怎么这样快就拼好了呢？"

"啊，爸爸，"小鲁克说，"这很简单。因为在另一面有一个人的照片，我就把这个人的照片拼起来，然后把它翻过来。我想只要这个人拼的是正确的，那么，这个世界也就是正确的。"

希尔顿先生灵光一闪，说道："谢谢你，鲁克！你替我准备了明天演讲的题目：如果一个人是正确的，则他的世界就会是正确的。"

苹果里的星星

孩子的想象力比较丰富，让他们自由发挥想象，就能够开阔他们的视野，丰富他们的知识。

托马斯从祖母家回来，跑到妈妈跟前说："妈妈，你知道吗，苹果里有一颗星星！"

"哦？"妈妈边做着手中的活儿，边漫不经心地回答，她想，这孩子的想象力太奇特了。或者是祖母给他讲了什么童话故事吧。

托马斯很热心："您是不是不相信？"说着打开抽屉，拿出一把小刀，又从冰箱里取出一只苹果，说道，"妈妈，我要把苹果切开给您看看。"

"我知道苹果里面是什么。"妈妈说，显然有点不耐烦。

"来吧，妈妈，还是让我切给您看看吧。"托马斯边说边切苹果。

"切错了！"妈妈喊道。

我们都知道，通常"正确"的切苹果方法应该是从茎部切到底部窝凹处。可是托马斯却是把苹果横放着，拦腰切下去。

然后，他把切好的苹果拿给妈妈看："瞧，妈妈，里头有颗星星吧。"

自以为是的后果

教育孩子无论什么时候，都不要自以为是，要帮助他培养起勤于思考的习惯，这能让孩子更好地认识这个纷繁复杂的世界。

艾玛带着女儿来到一片荒野之地。那里荒无人烟，灌木丛生，偶尔有几只野鸭子飞过。

"妈妈，我们来这里做什么？"女儿感到不解。

"来这里是为了让你看看妈妈曾经的家。妈妈曾经就住在这里。"艾玛眼睛望着远方，陷入了对往事的回忆。

"给你讲一件过去发生的事情吧，仔细听啊，亲爱的。"

"在很多年前，这里还是一个偏远、封闭的小镇，人们安居乐业。那时候，不像现在这样有各种好玩的事情打发时光，唯一的娱乐就是收听镇上的两个电台：一个电台专门广播名人消息和一些幽默笑话，另一个电台则播放天气预报。当然了，绝大多数人是从来不听天气预报的。

一天晚上，气象电台发出紧急警告：4个小时后，将有一股威力巨大的龙卷风席卷小镇，电台呼吁镇上的人们尽快地疏散。

听到这个广播的人很少，这些人也知道几乎没有人听这个电台，于是他们就打电话给另外那个广播娱乐节目的电台，希望他们能把这个消息广播出去，把这个即将到来的灾难传达给小镇上的每一个人，提前做好防护。

可是，没有人相信他们的话，那个广播娱乐节目电台的工作人员还嘲笑道：‘本镇从未有过龙卷风，那个电台之所以播放这样的广播，就是为了提高收听率，而居然真有傻瓜信以为真。’

结果，4 个小时后，小镇就被夷为平地了，只有那些相信这个“假”消息的人们活了下来。妈妈就是其中的一个。”

倔强的小马克

以顽强的态度与执著的精神对待困难固然重要。但一个人的力量往往是有限的，集体的力量才是无穷大的。从小培养孩子借助外力积极与他人合作的团队精神显得尤为重要。

6 岁的小马克正在他的玩具沙箱里玩耍。沙箱里有他的一些玩具小汽车、敞篷货车、玩具飞机、塑料铲子和塑料桶。小马克在松软的沙堆上修建供他的那些玩具车行使的公路和隧道，他还打算修一条玩具飞机的跑道。他铲沙土的时候，发现在沙箱的中部有一块巨大的岩石。

为了把那块巨大的岩石弄走，小马克开始挖掘岩石周围的沙子。但是那块岩石实在太大了，而他的力气又相对很小。他虽然拼尽全身的力气把大岩石弄到了沙箱的边缘，但是却无法把岩石向上滚动，翻过沙箱边墙。

小马克稍微休息了一会儿，就又开始用尽全力把岩石往外推，然而岩石到这里后却纹丝不动。尽管如此，小马克却并不放弃，他下决心要把岩石弄到沙箱外面。他不断地尝试着各种方法，一次又一次地向岩石发起进攻，可是，每当他刚刚觉得有了一些进展时，岩石就会再一次滑落，重新掉进沙箱。

小马克着急了，他开始大叫起来，又一次用力猛推石头。结果，岩石再一次滑落，并且砸伤了小马克的手指。

他哭了起来，手指疼痛，再加上失败的打击，使得他的哭声越来越响。

一直在房间的窗口看着儿子想方设法推岩石的父亲走了出来，他来到小马克跟前。

“小伙子，为什么不用上所有的力量呢？”父亲温和而坚定地说。

“爸爸，我已经用尽全力了！”小马克垂头丧气地说。

“没有，马克，你并没有用尽你所有的力量。为什么不请求别人的帮助呢？”父亲纠正了他的说法。

说着，父亲弯下腰，抱起岩石，轻松地把岩石搬出了沙箱。

达·芬奇与父亲

一个人只有从事自己感兴趣的事才会全身心地投入进去，父母教育孩子也应该投其所好，因势利导，这样孩子一定会竭尽全力地去完成自己的学业。

达·芬奇 9 岁的时候进入学校读书，他的第一个老师是一位神父。神父教授他的课程除了拉丁文，就是经书，而且教学模式呆板，在这里上学的孩子们每天除了读书就是背书，没有丝毫生机。对此，达·芬奇更是闷透了，提不起一点兴趣。

一次，神父训斥他说：“你这个孩子，将来肯定不会有出息！像你这样不好好学习，每天只知道瞎涂乱画，幻想成为一个艺术家，这是不可能实现的！”当时，达·芬奇正在全神贯注地思考一道数学题，他根本没有听见神父的话。神父的话音刚落，达·芬奇就站起来问神父那道题如何解答。神父非常恼怒，抡起巴掌打了他，然后又去达·芬奇父亲面前告状。

达·芬奇的父亲并未因此训斥儿子，因为他知道儿子并没有错。

达·芬奇的父亲皮耶罗非常善于逻辑推理，是位在当地很有名气的公证人。在案卷和诉讼方面，他往往能够以无懈可击的论述战胜对方。关于儿子的职业，他也思考了好久。他希望儿子能够继承自己的事业，成为一名法学家。但是，尽管他如此希望儿子，却并没有强迫儿子，因为他发现儿子的兴趣并不在此。而在他看来，兴趣是最好的老师，也是成就事业的好帮手。依据他的兴趣发展，必定会收到意想不到的效果，可以事半功倍。

根据儿子的一贯表现，他显然是喜欢数学，可是数学家通常只是呆在家里思考问题、解决问题，很少与外界联系，以儿子的性格，朝这方面发展可能不太适合；儿子也喜欢音乐，然而在自家的社交圈子里，并没有非常优秀的人可以做他的指导老师；最后，他想到儿子还有一个长处——绘画与雕刻，而且在自己现有的好友中，维罗奇奥是位著名的画家和雕塑家，他正好可以担任儿子的老师。说不定儿子经过他的指导，将来会有一番作为！想到这里，他忙把达·芬奇叫到身边来征询他的意见，结果达·芬奇非常愿意学习绘画和雕塑。于是，父亲就把达·芬奇送到了维罗奇奥那里，拜他为师。从此，达·芬奇专心致志地学起画画来。

观察生活

将对孩子的教育渗透到孩子感兴趣的事情或生活的细节当中去，可以激发孩子的学习热情，使得他们对学习更主动更积极。

1915 年 6 月 15 日，韦勒出生于美国中北部美丽的密执安州阿博镇一个知识分子家庭。

韦勒的父亲是一所大学医学系的老师，专门从事病理学研究，因此喜欢观赏、收集、喂养、解剖各种动植物，他的书架上，总是摆放着许多医学和生物学方面的书籍杂志，他的朋友大多也是医学家和生物学家。这样的环境，使韦勒从小就对医学和生物学产生了浓厚的兴趣。

韦勒和小伙伴们经常跑到草地上，他总是学着父亲的样子，把蝴蝶捉来制成标本当作书签，有时候还去小河边捉鱼。

一天下午，小韦勒又与小伙伴们到河边捉鱼。不一会儿，他们就捉了几条小鱼。韦勒高高兴兴地把小鱼带回家，找来鱼缸，把那几条小鱼小心翼翼地放到里面。小鱼在水里欢快地游，不时地吐出一串串水泡，小韦勒看着别提有多高兴了。每天放学回到家里，小韦勒都去看望小鱼，给它们喂剩肉和面包渣。为了让小鱼能够健康地成长，他还坚持每三天为小鱼换一次水。然而，半个月后，还是有一条小鱼不幸地死去了。韦勒看到它漂在水面上，一动不动，心里难过极了。他不明白小鱼为什么会死呢？为了弄个明白，小韦勒决定将小鱼进行解剖。

于是，他把小鱼捞出来放在一块小木板上，从厨房找来一把小刀，然后将小鱼的肚子小心地剖开。小韦勒的动作颇得要领，俨然一个成熟的解剖家。这都是他平日在父亲的实验室里解剖包括鱼类在内的各种动物的原因。小鱼的肚子被剖开后，小韦勒惊奇地发现有一撮乳白色的小虫子在小鱼的肚子里不停地蠕动。“上帝！难道这是小鱼的孩子吗？”小韦勒天真地猜想着。一直到父亲下班回家，小韦勒还没有确定那是什么，于是他急忙把父亲叫到跟前，指着鱼肚子里的白色小虫问道：“爸爸，这是小鱼的孩子吗？”

父亲仔细观察了一会儿，说：“不是的，这是小鱼体内的寄生虫，并不是它的孩子。”

“爸爸，小鱼是被它们害死的吗？它们是怎样钻进鱼肚子里去的呢……”韦勒不停地提问。

“寄生虫是难以消灭的致病源，不仅鱼体内有，其他动物和人体内也有，它们危害健康，是应该消灭的大敌。儿子！你一定要努力学习，长大后去研究消灭这些寄生虫的方法，为人类造福。”

听了父亲的话，小韦勒感到自己责任重大。从此以后，他学习更加勤奋了，而且对生物课的兴趣日益浓厚。他时刻不忘父亲的激励，经过一番努力，最终成了一名出色的生物学家。

父子做板凳

兴趣是最好的老师。对于孩子厌烦的事，父母应当设法调动孩子的积极性，使孩子对其产生兴趣。当孩子决定做某事时，父母一定要给予支持。

6 岁的小科勒斯正爬在地板上玩积木。父亲坐在沙发上看书。

突然，小科勒斯把积木往地上狠狠地一摔，喊道：“太没意思了！”

父亲忙放下手中的书，笑着说：“怎么了，科勒斯，感到无所适从吗？你想做什么呢？告诉我，好吗？”

小科勒斯把他想做的事情一一讲给父亲听。并说这些事情只能在吃饭之前的这一段时间做，因为其余时间他要去找小伙伴玩。

“在这些计划里，我认为你动手做个小凳子的计划还是可行的，不过，要想在吃饭前那一点时间完成，恐怕有些困难。”

小科勒斯看了父亲一眼，说：“是的，爸爸，我一直都想拥有一张自己做的小板凳。但是我只能每次在吃饭前完成一点儿。现在我不知道该怎么做。”

父亲忙说：“我们先做出计划吧。”

“噢，爸爸，我不想再列计划了，我想我还是出去玩好了！”小科勒斯的眉头紧锁。

父亲说：“等一下，科勒斯，我这里有张纸，我们来试着做个计划，这花不了太长时间。制订计划虽然听起来好像比较麻烦，但是做起来却是很容易的，根本不需要任何仪器。”说着就开始迅速地在纸上画起了草图。

小科勒斯凑了过来，他看到爸爸画的草图后，惊叫起来：“爸爸，太棒了，画得真像啊！”

看着儿子来了精神，父亲说：“瞧，这没有你想得那么难吧？现在告诉我，你认为一张板凳完全做好前的最后一道工序是什么？”

小科勒斯想了想说：“刷油漆。”

父亲赶紧把油漆两个字写在图纸的旁边：“那么，在刷油漆以前呢？”

“我想大概是打磨吧，爸爸。”小科勒斯挠着头说。

“这样好了，我帮你把做凳子的全部工序都列出来好了。首先把图样做好，然后选择材料，把材料选好后就可以做木工活了，紧接着是打磨，最后涂上油漆，晾一段时间就可以了。”

“看起来的确也不太难。”小科勒斯说。

“当然不难了，只要你肯做，一切都不会太难。”父亲说，“现在你已经有了一个计划了，赶紧行动吧，你需要花费一定的时间和精力才能将其完成，我可以帮助你，但是我想知道你是否真的肯花时间和精力来做这张凳子。据我推算，做好这张小凳子大概需要一周的时间，这样的话，每天至少需要花去你半个小时的休息时间，你确定要这样做吗？好好考虑一下，科勒斯，想好后再告诉我。决定做的话，就一定要把它做好，这可是你做的第一张小凳子，你的朋友，还有爸爸妈妈都会为你感到骄傲的。”

听父亲这么说，小科勒斯掷地有声地说：“我想好了，爸爸，我们现在就开始做吧。”

捉老鼠的猫

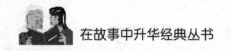

三心二意是做不成事情的，教育孩子无论做什么事，都应全身心投入，因为：专注方可胜，忘我才能赢。

1906年的一天，一位年轻人准备参加他的第十三次演讲比赛，此前，他已经连续参加了十二次演讲比赛，结果都是以失利告终。

这次，他为了得到不一样的结果，在参赛前去向一位老教授请教自己屡次失败的原因。

老教授说："年轻人，你知道吗，猫捉老鼠时，会把全部精力都集中在老鼠身上，它可没有多余的精力去注意自己。"

年轻人想了想，便向教授辞谢，因为他已经明白了自己屡次演讲失败的原因。

轮到这个年轻人了，他自信地走上演讲台，开始了他的演讲。年轻人演讲的题目是《童年的回忆》，由于他全身心地投入，以至于演讲结束了都还沉浸在对童年的回忆中，当台下雷鸣般的掌声响起时，他才意识到自己的演讲已经结束了。

结果，他的演讲获得了此次比赛的最高奖。

从此，这个年轻人无论做什么事，都会想起老教授给他讲的"捉老鼠的猫"，他最终取得了举世瞩目的成就。

他就是美国著名的企业家、教育家、演说家戴尔·卡耐基。

一次实验

一年之际在于春，学习的"春天"更加关键，一旦错过，再想弥补，也许需要两倍甚至更多的时间。别让孩子学习的"春天"成追忆。

英国著名物理学家卢瑟福正在实验室里指导学生做一项实验。众人都在紧张地进行观察、测试、计算、记录等各种准备工作。卢瑟福从一个学生身边走到另一个学生身边，还不时地拿过学生的实验记录，仔细地检查每一个实验数据，有时还会轻声地询问几句。整个实验室充满了一种严肃的气氛。

“准备好了吗？”卢瑟福问。

学生们说：“一切准备就绪。”

“好，开始！”卢瑟福一挥手，所有人的目光都投向了电子显示器里放射出来的一连串红色的数字。

当卢瑟福读到硫化锌的一个闪烁的数字时，突然大声叫了起来：“快！成功了！快记下我刚才读的数！”

这时候，实验记录本都已经记满了，其中一位学生马上跳起来，想跑去隔壁的办公室拿空白记录本。

“回来，记在你的袖子上！”话音刚落，那位学生便毫不迟疑地把数据记在了袖子上。

实验结束后，卢瑟福抚摸着学生那写着数据的衣服说：“实在对不起，可是，我们不能错过每一分每一秒。假如当时把那个关键时刻错过了，那么，这次实验很可能宣告失败，以后，我们还会为此浪费更多的时间。”

卢瑟福用自己的言行教育学生：在攀登科学高峰的道路上，来不得半点松懈、怠慢、疏忽和迟疑。只有分秒必争，才能取得事业上的成功。否则，多年的心血就可能毁于一瞬间。

三个最优秀的老师

聪明和愚蠢之间的差距其实不只在于智力。每个人身上都隐藏着巨大的潜力，之所以有着智力和成就的差别，是因为有些人意识到并且发掘了这些潜力，而有些人却没有意识到。只有能动地发掘这些潜力，才能出色地工作和学习。

1960 年，哈佛大学的罗森塔尔博士在加州的一所学校做过一个著名的实验。

新学期开始，罗森塔尔博士来到加州的一所学校里，他让校长把三位老师叫进办公室，并对他们说：“我了解了一下你们过去的教学表现，确定你们三个是这个学校最优秀的老师。因此，我们特意从全校的学生当中挑选出了100名最聪明的学生分成三个班分别由你们三人执教。挑出来的这些学生智商都高于一般的学生，希望你们可以让他们取得更好的成绩。”

三位老师一听，都非常高兴，他们信心十足地表示一定尽力。

临走前，罗森塔尔博士又叮嘱那三位老师，对待挑出来的这100名学生，一定要像平常一样，不要让学生本人或学生的父母知道他们是被特意挑选出来的。

一年过后，罗森塔尔博士又来到那所学校，在校长办公室里，他看到这三个班的学生成绩果然都排在整个学校的前列。

于是，他又让校长找来那三位老师，并告诉他们：“其实这些学生并非刻意挑选出来的高智商的学生，他们都是随机抽取的最普通的学生。”

三位老师没想到会是这样，于是，他们各自想，果真是自己的教学水平很高。

罗森塔尔博士似乎看出了这三位老师的想法，他便又让校长把另一个真相告诉给了这三位老师。那就是：他们也不是特意被挑选出来的全校最优秀的老师，也都是随机抽取的最普通的老师。

小塞德兹的游戏

游戏可以激发孩子的各种潜能。多给孩子设计一些有趣的游戏，可以开发孩子的想象力和创造力。

著名教育专家塞德兹的儿子小塞德兹，1914年毕业于哈佛大学，毕业时年仅15岁。小塞德兹从小就非常喜欢玩各种游戏。一次，小塞德兹独自在院子里玩“开火车”的游戏，他把一些木块连成串，假装是车厢，他本人就在前面拉着“车厢”假装是火车头。小塞德兹玩得非常认真，甚至连到站时报站名和招呼想象中上下车的“旅客”等细节都要表达出来。

玩着玩着，小塞德兹突然想到应当增加几节车厢了，这样，他这个“火车头”就可以带领更长的火车了。遗憾的是带钩子的小木块都用完了，这该怎么办呢？他突然灵机一动，找出前几天新买的几块磁铁块，用绳子把它们栓在最后面，刚刚好。

他把一块磁铁拴好后，又要拿另一块拴上。可是，这次有麻烦了，因为那块磁铁块无论如何都不肯乖乖地跟在第一块后面。小塞德兹用尽了全力，那两块磁铁还是不肯吸在一起。难道是着了魔不成。小塞德兹呆呆地看了一会儿，忽然，他大声叫喊起来："爸爸，快来看呀，爸爸，这两块磁铁块里住着两个小精灵！他们不愿意在一起。爸爸，您看，他们闹别扭了，谁也不理谁。"

塞德兹一听，跑出来看了看，笑着说："我的傻孩子，这可不是什么精灵，这是磁力的一个很重要的原理，磁铁有正极和负极之分，而且'同极相斥，异极相吸'。你拿着的这两块磁铁正好都是正极，所以它们互相排斥，才拴不到一起。"

"真的吗，爸爸？"小塞德兹眼睛睁得大大的。

"当然了！不信的话，你把那一块磁铁拿过来，对，就是那块缺了角的。这块磁铁是负极，你把它们放在一起试试看，它们会吸到一起的。"

小塞德兹迟疑地按照爸爸的吩咐做了一下，结果令他非常兴奋，因为，还没等他反应过来，两块磁铁块就吸到了一起。小塞德兹用了很大的力气才把它们分开。而且，一旦小塞德兹拿着磁铁的两手稍微靠近，就有一种力量想把两手合在一起。小塞德兹觉得太有趣了，于是，他的问题马上接二连三地出来了："爸爸，正极是什么东西？磁铁块为什么要分正极和负极呢？为什么正极和负极要吸在一块呢？……"

塞德兹忙趁此机会教了儿子很多地质学上的知识，由于这些知识都是与游戏相联系的，所以小塞德兹很快就掌握了。

偏才难成天才

事物是相互联系的，各种知识也是融会贯通的。成就一个专长，必须有许多其他知识的滋养。因此，在对孩子的教育过程中，父母一定要注意到"博"与"专"的关系。

一份报纸上有一篇关于"神童"的报道，说一个叫里斯米尔的小男孩，虽然年仅 6 岁，却已经在绘画方面表现出超乎常人的天赋，他能够准确地描绘人体，并且能够准确地把握人体结构和光影效果。一时间，这个小男孩成了人们茶余饭后的谈资，几乎所有人都认为他是一个伟大的天才，几乎所有的人都认为这个孩子将会成为一名艺术大师。

一天，著名的教育专家塞德兹访问了里斯米尔一家。他走进里斯米尔的“画室”，看到墙壁上挂满了各种绘画作品和装饰品，房间的地板上摆放的全是各种各样的石膏模型，最主要的那面墙上挂的是一副巨大的人体解剖图。画架前坐着一个身材矮小的小男孩，他就是里斯米尔。

里斯米尔的父亲把儿子获得的许多参展证书和获奖证书拿给塞德兹看。

塞德兹看了那些获奖证明，又看了里斯米尔，他发现这个孩子从他进门到现在都坐在画架前一动不动，而且两眼无神而茫然地盯着墙壁。

塞德兹奇怪地问里斯米尔的父亲：“里斯米尔在干什么？”

“他一定是在思考。”

“思考？为什么一定要以这种方式思考呢？”

“实话告诉您吧，报纸上的那些报道有失偏颇。他们说我儿子的才能来自于天赋，其实并非如此。正如您所说，孩子的才能来源于后天教育，我对此深信不疑。因此，为了让儿子成为一名伟大的画家，我一直对他要求严格。您这不也看到了吗？他时刻都在思考关于绘画的事情。所以说，事实上，我儿子取得的那些成绩完全来自于努力和勤奋。”

“那么，除了绘画，里斯米尔还在学习些什么？”

“哪还有时间学习其他的呀。绘画已经占用了他全部的时间。再说了，事情也就是这样的，只有用心一处才能有所成就。既然想成为画家，那么就必然在其他方面做出牺牲了。”

听了这番话，塞德兹才明白为什么里斯米尔会有那么一种目光呆滞的表情。这个孩子在他父亲的长期“强行教育”下，已经变成了只会画画的机器，他对其他事情几乎一窍不通。因此，塞德兹判定，这个孩子不可能成为一位真正的艺术大师。

果然，没几年，里斯米尔的“天才”美誉就不复存在了。

参照物

要善于用实实在在的例子启发孩子，让他们在轻松愉快的氛围中增长知识。

罗伯特带着5岁的女儿小苏珊去旅行，在旅行途中苏珊很轻松地就掌握了一个物理学原理。

小苏珊坐在挨着窗户的位置上，一言不发，目不转睛地盯着窗外向后飞驰的树木，突然小苏珊高兴地说："爸爸，快看，那些树木在飞快地向后面跑。"

"不，那不是树木在向后跑，而是我们坐的火车在向前飞驰。"罗伯特笑着对女儿说。

"不，我们坐在这里没有动，动的是窗外的树木。"小苏珊天真地说："因为我已经观察很久了，从我坐在这儿起，就没看到火车有什么变化，反而发现外面的东西都变了。这不是说明窗外的东西在动吗？"

"那么，假如现在你不在火车上而是在窗外和那些树木站在一起的话，你觉得会怎么样呢？"

小苏珊想了想说："一定是我也会向后跑，和那些树木一样向后奔跑。"

"你能跑得足够快么？"

"是呀，我能跑那么快吗？这可真是有些说不通了。"小苏珊满脸疑惑地看着父亲说。

"虽然你回答不出这个问题，但我仍然向你表示祝贺。"

"什么？祝贺我什么？"

"因为你今天发现了一个物理现象，当然应该受到爸爸的祝贺。"

"我发现了一个物理现象？"女儿不解。

"你刚才发现的，正是物理学中参照物的问题。"于是，罗伯特耐心地给她讲解，"你看到窗外的树木在向后奔跑，是因为你把火车当成了参照物，也就是说相对于火车来说，树木的确是向后跑去了。那么反过来看呢，如果以树木为参照物，我们所乘坐的这列火车就是在向前跑了。"

"我明白了。我认为火车没有动，是因为我把自己当成了参照物。我坐在车厢内，火车带着我向前行驶，就等于我和火车一起在运动，所以我才会觉得火车是静止的！"小苏珊说道。

"如果把你放在窗外，你觉得你会看到什么呢？"父亲问道。

"嗯，假如我在窗外和那些树木并排站在一起，火车就是运动的了，因为我是以自己作为参照物的。"小苏珊兴奋地回答道，"假如仍然以火车作为参照物的话，我就是和树木一样在向后飞跑了。"

"那么，你能跑得足够快么？"罗伯特又一次向女儿提出了这个问题。

"当然能，因为这是相对的，火车跑多快我就能跑多快。"

吉姆遇见的第一场暴风雪

应该正确地引导孩子认识自然、认识科学，激发他们对新事物的兴趣。

吉姆是个对一切事物都充满好奇的孩子，他经常问他的家人这样那样的问题，并给他们讲述他见到的一切新奇事和新鲜事物。他住在一个一年四季都暖洋洋的小村庄里，每天阳光普照大地，使得他们从未感觉到寒冷。田野里的鲜花也在一年四季不停地开放，走到哪里都能闻到那迷人的花香。

不知不觉中，吉姆8岁了，他很盼望这一天的到来，因为妈妈说等他8岁的时候就是长大了，就可以去看望他的爷爷了。爷爷住在一个冬天会下雪的地方。到了爷爷那里以后，吉姆见到了他生命中的第一场雪。下雪的时候，吉姆很专注地站在窗前看着那些从天空中飘下来的小精灵，他从来没有见过雪，因此十分新奇。

"噢！爷爷。"他兴奋极了，大声喊着，"快来呀，快来看这些从天堂飞下来的白蝴蝶。"

"它们不是蝴蝶，吉姆。"爷爷走到他的身边，亲吻了他的脸颊微笑着说。

"那么，是小天使们正在向人间散落他们的羽毛吗？哦！快告诉我，它们是什么？这是糖还是盐呢？让我来尝尝吧。"吉姆好奇地说。他飞快地打开窗户迫不及待地把手伸出窗外，接了一点雪，放到嘴里。但是当他尝到那雪时，他不由得打了个寒战，实在是太凉了。

“那就是雪，吉姆。”爷爷微笑着告诉他，“这些雪花是从云朵上掉下来的小水滴。它们在下降的过程中遇到了非常寒冷的空气，冷空气使它们凝结了，于是它们就变成了无数的雪花降落下来。”

说着，爷爷拿出了一顶黑帽子，他把帽子伸出窗外。“看，吉姆！我已经在这顶帽子上捉到了一片雪花，快用放大镜看看它是什么形状的。”

吉姆连忙找出放大镜，透过放大镜他发现那颗躺着的羽毛般洁白的雪花，就像一颗闪闪发光的小星星。

“小星星，闪闪发光的小星星！”他高兴地嚷道，“噢！我要出去捕捉更多的雪花，爷爷。这真是太奇妙了！”

人与猴

面时孩子提出的各种问题，父母应该耐心地给他们讲解，只有这样，才能够激发他们的好奇心与求知欲。

布朗太太和史密斯太太正在就孩子爱提问题这个话题进行讨论，布朗太太说：“小孩子有时候还真麻烦。你不知道他那张小嘴什么时候才会停下来，叽叽喳喳地问个不停，我每天都被他吵得头疼。”

这时候，史密斯太太的小儿子弗兰克走了过来。手里拿着一本达尔文的进化论，布朗太太看到这本书似乎很有趣，是少儿版的，配有极为有趣的插图。

“妈妈，书中说人是由猴子变来的，是这样吗？”弗兰克问。

“哦，亲爱的，我也不确定是否完全正确，不过，达尔文的理论是有道理的。”

“可是妈妈，既然人是由猴子变的，为什么现在人仍是人，猴子仍是猴子？”弗兰克继续问。

“弗兰克，难道你没有看见书是这样写的吗？猴子中的一部分进化成了人类，另一部分却没有得到进化，因此它们仍是猴子。”史密斯太太说道。

“我感觉这是有问题的。”儿子怀疑地说。

“有什么问题？”

“既然是进化论，猴子就都应进化，而不应只有一部分进化。”

“为什么这样说？”

“我认为另一部分猴子也应得到进化，变成一群人，而且他们可以上树。”

旁边的布朗太太脸上流露出极不以为然的神色，她似乎在说：“看你怎么应对。”

“弗兰克，那是不可能的，因为事实上是猴子当中的一部分没有得到进化……”史密斯太太始终耐心不变。

“为什么？”弗兰克依然不肯放弃。

于是，史密斯太太只能尽自己所知向儿子讲明其中的原因：“据我所知，最初的时候，是因为一群猴子由于种种原因不得不在地面上生存，它们的攀援能力日益退化，为了生存的需要，它们不得不学着直立行走，久而久之，就进化成了人类；而另一群猴子仍然生活在树上，它们没有处在地面上生活的环境中，因此就没有得到进化。”

“我懂了，妈妈。可是为什么要进化呢？我认为人像猴子那样灵活更好些。”弗兰克终于停止了一个问题，却又开始了另一个问题。

“是的，弗兰克，你的想法也有道理。但是，要知道，从身体和四肢上来看，猴子的确比人灵活，可是从智力上看，人的大脑却是最灵活的。”史密斯太太一点都没有改变最初的耐心。

“大脑灵活有什么用呢？妈妈，大脑灵活又不能使人像猴子那样从一棵树跳到另一棵树上。”弗兰克略带遗憾地说。

“身体灵活固然好了，但是大脑的灵活才是最重要的，因为只有这样才能创造出文明。”

“为什么要创造文明呢，妈妈？”弗兰克继续问道。

“因为文明是人类进步的表现。”史密斯太太说。

“为什么人类要进步呢？”

“因为没有进步就没有发展。”

……

就这样，儿子的问题没完没了。而且很多问题在成年人看来都是非常可笑且毫无根据的，然而即使如此，史密斯太太也尽力不让孩子失望。

“你太有耐心了，我真佩服你！”布朗太太笑着说。

史密斯太太说："其实并非我的耐心比别人好，只不过是我认识到认真回答孩子问题的重要性。因为只有如此，才能够培养起孩子寻根究底的精神，而不至将这宝贵的品质抹杀掉。"

打算盘的小男孩

对意志力弱的孩子来说，失败可能使他沮丧，成绩不好会使孩子厌学。不妨多鼓励孩子，让孩子从一个胜利走向另一个胜利。

小男孩上三年级了，他开始学珠算，珠算首先要过的是打"百子"关。小男孩是班里打算盘最慢的一个。有时候还会被老师批评，被同学嘲笑。因此，每次老师宣布让大家打"百子"，他就提不起精神。

小男孩把这个烦恼告诉了妈妈。

妈妈笑着说："孩子，我相信你打算盘是绝对会把速度提上去的。"

"为什么？"小男孩对妈妈的话有些怀疑。

"你想想啊，你小时候上幼儿园了吗？"

"没有。"

"这就对了。你的同学在很小的时候已经在幼儿园里接受过一系列的手工训练。而你却没有受过这方面的训练，妈妈像你这么大的时候，还没有你现在打得快呢。你看这样好不好，我们来做个试验，你打，妈妈给你看着时间，妈妈不相信你会慢。"

小男孩跃跃欲试。

为了保证小男孩的成功。妈妈把加到整十数的答案都写在旁边。小男孩打得还是很慢，但是答案绝对是正确的。他每加十位，妈妈就为他欢呼："对了，儿子，又对了！"

"妈妈，慢吗？"小男孩想从妈妈的眼里寻找信心。

妈妈激动地说："太棒了，儿子，第一次就全对了，妈妈小时候练了五六遍都没有全打对，还弄得满头大汗。"小男孩得到鼓励后，兴趣越来越高，本来最怕打"百子"的他现在却根本不想停下来。

"妈妈，我还要打，还要打。"

第二天，速度提高了。第三天，又比前一天提高了。就这样，小男孩每天都在进步，到了第四十五天的时候，小男孩打“百子”的速度居然从第一天时的20分钟30秒，一下子缩短到2分钟45秒。

镜片与望远镜

游戏从来不是坏事，它能够开阔孩子的眼界，同时也能使孩子的知识得以提高。聪明的父母应该让孩子尽情地享受游戏的乐趣。

一天，塞德兹从外边回来，看见儿子正无所事事地在院子里玩耍。塞德兹把儿子叫到跟前，从包里掏出两片眼镜片，一片是近视镜的镜片，一片是老花镜的镜片。小塞德兹向来对新奇的事物都非常感兴趣，他忙把镜片架在自己的眼睛上玩，结果，没过多大一会儿，他就大喊眼花。于是，他赶忙把镜片举到离眼睛较远的地方，只有这样才能看清楚镜片后的东西。塞德兹任他去玩，不加干涉。

当他一只手拿着近视镜的镜片，一只手拿着老花镜的镜片，一前一后地向远处看时，小塞德兹兴奋地大叫了起来，因为他发现远处教堂的尖塔突然来到了他眼前。

他高兴地说：“爸爸，快来看啊，教堂的尖塔就在我眼前！”

于是，他了解了望远镜的原理并亲手制作了他的第一架望远镜。

孟母择邻

所谓“蓬生麻中，不扶而直”，外界环境对孩子的成长起着至关重要的作用，为人父母者，一定不要忽视了孩子所处的环境。

孟子是我国历史上一位杰出的思想家、教育家，被称为“亚圣”。孟子幼年丧父，由母亲独自抚养，母亲靠给人家纺纱织布维持家计，母子俩过着清贫的生活。即使在这样的条件下，孟母都没有放松过对儿子的教育，为了使儿子有一个良好的学习环境，她三次迁居。

孟子年幼时家住在凫村的一片墓地附近。他经常和小伙伴们去看出殡埋葬死人，回村后，还和小伙伴们一起堆土坟，学打幡、抱罐，还学死者亲属的各种哭法。有的悲切凄楚，感天动地；有的明哭暗笑，掩人耳目；有的幸灾乐祸，假情假意。母亲看到这种情况，感到在此居住下去对孩子的成长极为不利，于是搬到邹国中心去住。没想到新居靠近集市，孟子经常到集市上去玩，他听到的是各种叫卖声，看到的是行商坐贾竞相牟利的各种行径，慢慢地也羡慕起做买卖、挣大钱来。他经常和小伙伴们玩做生意耍花招的游戏，看谁骗了谁。

母亲目睹儿子的行为，担心儿子学坏，终日吃不好，睡不安。她觉得在这样的环境里生活下去，儿子必然变成一个见钱眼开、唯利是图的人。孟母感叹地说："这也不是我儿子应住的地方啊！"于是孟母决定再次搬家。孟母经过精心选择把家搬到一所学校附近。这里环境幽静，又能常常听到琅琅的读书声，看到师生们彬彬有礼的文明之举。这里的环境使孟子产生了学习的兴趣。看到这些，孟母满意地说："这才是我们居住的好地方。"从此，孟家便在那里安居下来。

孟母断机杼

学习是个持之以恒的过程，家长要让孩子明白，一旦停滞不前，留给自己的便是功亏一篑的遗憾。

孟子进学堂读书了，母亲教育他一定要好好学习。

孟子基本上还算是听话的，但是依然好玩。有一次，还没到放学的时间，小孟子就溜回家来。母亲看到儿子这么早回来，感觉有些奇怪，她离开织布机，走到儿子身边问道："孩子，你今天怎么回来这么早呢？不是还没有到放学的时间吗？"

"母亲，我在那里坐不住了，总想出去玩一会儿！"孟子说着就把书本放下准备跑出去玩。

母亲一把把他拉住，然而取来剪刀，拉着小孟子走到织布机前，她用剪刀把已经快织好的一匹布拦腰剪断了！小孟子愣了，他呆呆地看着母亲，不知道母亲为什么这么做。

母亲叹了口气，缓缓地说：“孩子，你看我费了那么长时间才把布织这么长，眼看就要织好了，可是我这一剪刀下去，这布就没有用了，我以前付出的劳动也就白费了。你想想看，你一味贪玩，不好好读书，必定会半途而废的，这不就相当于我把这匹没有织完的布剪断吗？课还没有上完就回来，一样学不成知识，读书和织布的道理都是一样的！”

听着母亲的话，小孟子又看了看那已经被剪断的布，他明白了。从此，他再也不逃学了，而且比其他人都更刻苦地钻研学问。

道德是知识的舵手

在引领孩子学习科学文化知识的同时，也要让孩子明白要正确合理地应用，知识才能服务人类。

一个夏日的傍晚，苏菲娅跟外祖母坐在花园里乘凉。

“学习知识实在是一件非常美妙的事情！”苏菲娅神采飞扬地对外祖母说。

“知识是那么的美妙！”苏菲娅又重复了一遍，“我今年才6岁，妈妈却说我比她12岁的时候懂得还要多。我总是跟小伙伴们一起读各种各样的书，讨论各种各样的问题。妈妈曾经对我说，我们是因为知识才更聪明的，而且整个世界都比从前聪明了很多。外祖母，难道您不这么认为吗？”

“嗨，孩子，”老人严肃地说，“知识美不美妙，关键是看把它用在什么地方。用在好的地方就可以成为幸事，用在不好的地方就会变成祸害了。知识可以使力量增长，而力量则有好坏之分。”

苏菲娅不解地问：“我还真是不太明白您的话，力量怎么还有好坏之分呢？”

“是的，有好有坏。”外祖母不急不慢地说，“其实道理很简单，比方说，当马的力量被控制时，它就可以用于拉车、驮人、驮东西；但是一旦它的力量失控，就会野性大发，会挣断缰绳，把骑手从背上甩下，同时，它拉的车子也会被撞得粉碎。再比如，当池塘的水有水渠的正确引导时，它就可以用来灌溉农田。可是一旦决堤，它就会冲走一切东西，毁掉所有的庄稼。还有，当船在航行中受到正确的指引时，扬起的风帆就会使它尽早到岸；可是一旦领航的方向错了，则船上的帆越多，其偏离航程就会越远。知识也是如此，倘若不好好驾驭使用，也会让人误入歧途。”

“我懂了！”苏菲娅说，“我明白了！”

“那么。”外祖母接着说，“如果你真的非常明白我的话，那也请你一定要明白，知识必须正确地应用，才是件美好的事情。唯有善良的心灵能使学识渊博的头脑造福于人，否则就很可能成为祸害。”

比　较

每个孩子都有自己的特点，父母不应该将孩子进行比较，也不应该给孩子制订一些不合理的目标。

威尼的父亲总是将威尼和邻居的孩子作比较。有一次，威尼的历史得了80分。父亲看到后，不禁很恼火：“你怎么才考80分啊，你看看邻居家的乔恩考了90分，玛丽考了95分，人家都比你考得高多了，而且乔恩还是班长，而你才只是个副班长。你太让我失望了！你就不能勤奋一点吗？你就不能向他们学习吗？”

威尼感觉很委屈，他觉得自己已经很努力了，父亲非但不夸奖他还经常骂他，他越听越生气，于是反唇相讥：“你不要总是看不起我，你呢？约翰叔叔和你一样的年纪，人家已经是个大经理了，而你只是个小职员。约翰叔叔每月挣八千块钱，而你才挣四千。他的儿子想要什么就有什么，而我呢？你满足过我的要求吗？你就不能勤奋一点吗？”

父亲感觉威尼的话很偏激并且威胁到了他的尊严，嚷道：“你怎么能这么说呢？难道就不能有比我更强的人吗？”

儿子总算等来了这句可以让自己翻身的话，立刻说：“那你为什么总要求我比别人都强呢？你以后也不要总让我跟别人比了！”

父亲顿时哑口无言。

独立思考的空间

自由是心灵成长的基础，是创新思维的源头。思维缺少自由，头脑就会老化，灵感就会消失。给孩子独立思考的空间，才有可能培养孩子的创造性思维。

独立思考能力是现代人必须具备的素质，否则就会被淘汰在社会进步的车轮之下。因此，从小培养孩子的独立思考能力是很重要的，而给孩子自由和幻想的权利，就是在给孩子独立思考的土壤。

休息日，杰克和妈妈在花园里游戏，妈妈说："宝贝，咱们玩个脑筋急转弯的游戏吧？"小杰克愉快地点点头，然后妈妈说："我们轮流给对方出题目，如果对方答不出，那么他就一直答题，好不好？"小杰克因自己也有机会作出题者而更加高兴了。游戏就这样开始了，并且愉快地进行着。

新一轮比赛开始了，这次妈妈出的题是："树上有10只鸟，开枪打死一只，还剩几只？"

这是一个广为流转的脑筋急转弯。小杰克大概也听到过该题目的答案，妈妈以为小杰克会很快说出答案。可是她却发现杰克没有吭声，他安静地坐着，一副冥思苦想的样子。

妈妈问："杰克，你觉得是几只呢？"

这时杰克没有直接回答妈妈的问题，反问道："在这个城市里打鸟不是犯法的吗？"

妈妈说："我们假设不犯法。"

"那打枪人使用的是什么手枪呢？是无声手枪吗？"

"不是。"

"枪声有多大？会不会震得耳朵疼？"

"肯定会疼的，80分贝至100分贝。"

妈妈被问得有点摸不着头脑，却面带微笑："这些问题跟还剩几只鸟有关吗？"

"有关的，妈妈。"杰克继续说，"您确定那只鸟真的被打死了吗？"

“确定。拜托，你告诉我还剩几只就行了。”

“好的，但是树上有没有关在笼子里的鸟？”

“没有。”

“边上还有没有其他的树，边上的树上有鸟吗？”

“没有。只有这一棵树。”

“有没有残疾的或饿得飞不动的鸟？”

“没有。”

“这些鸟里有没有聋子，听不到枪声的？”

“没有。”

“有没有傻得不怕死的？”

“都怕死。”

妈妈有些失去耐心：“宝贝，你知道到底还剩几只吗？”

“还有最后一个问题，妈妈，算不算肚子里的小鸟？”

妈妈笑了：“不算。”

“哦，如果您的回答没有骗人，打鸟人的眼也没有花，”杰克满怀信心地说，“打死的鸟若挂在树上没摔下来，那么就剩一只，若掉下来，就一只不剩。”

已经有些无奈的妈妈这次惊讶地说不出话了。

通过这个故事我们可以看到，孩子那美妙的思想在没有限制、没有禁铜的情况下，是多么自由奔放、充满生命的活力，他们给出的令我们惊讶的答案，又是怎么样令我们感动呢！

爸爸的方法

对于不同特点的孩子要用不同的办法，聪明活泼的孩子，喜欢具有一定难度、有挑战的问题，那么父母不妨投其所好，寻找一下对孩子来说具有一定难度的问题，并给他提供可学习的资料，让他在寻找答案的同时，获得较为丰富的知识。这样也许比努力逼迫他学习更具效果。

佳佳生性活泼，并且还比较好胜，一天到晚好像是个很忙碌的小大人，可要她坐下来安静地看书简直就像要她坐牢一样难受。

面对这样活泼有余而稳重不足的孩子，妈妈为培养佳佳阅读的习惯也算是挖空心思，可还是感到力不从心。最后还是爸爸想到一个办法。

爸爸按佳佳的兴趣买了几本薄薄的《十万个为什么》，并且藏起来不让佳佳知道。

有一天，爸爸问了佳佳一些科学常识的问题：钟表为什么能走动？水为什么会变成冰？为什么人会肚子痛？这下把佳佳难住了，一个也回答不上来，爸爸在离开之前说："看来你都答不出来呀，哈哈。"算是对佳佳的挑战。

这时佳佳有些着急了，可着急又有何用，答案不会自己找上门的。就在这时，扮演另一角色的妈妈及时地拿出了本《十万个为什么》，并指着其中的一章说："你想知道答案的话，就好好看看这个吧。"佳佳突然感觉救星来了，急忙捧着书看了起来。找到答案后，她挺着胸膛雄赳赳地出来了，并且很得意地告诉了爸爸答案，爸爸听后故作吃惊地看着佳佳，小姑娘感觉非常得意，可爸爸又提出一些更难的题目。妈妈又故意站在佳佳一边："你好好看看那本书，也找些问题问问爸爸，看他能否答出来。"佳佳笑着又跑回了屋里。

第五章

独立勇敢，梦想导航

走自己的路

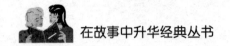

父母不能保护孩子一辈子，要明白：孩子最需要的是真才实学，是独立生活的能力。教育孩子的正确方法就是要着眼于孩子的未来。

相信大家都熟悉并喜爱印度电影《流浪者》。电影里的法官和拉兹是由现实生活中的一对父子帕里维拉和卡布尔扮演的。

在影片中，帕里维拉扮演的法官是一个反面角色，他性格偏激，令人厌恶。但是在生活中，帕里维拉却是一位不可多得的好父亲，卡布尔之所以有今天的成就，和帕里维拉的教育是分不开的。

帕里维拉成名后，儿子卡布尔便生出一种很强的优越感来。在剧团里，他很是飞扬跋扈，不把任何人放在眼里。

帕里维拉看在眼里，深深地感到应该端正儿子的态度，让他学会谦虚和尊重别人。

一天，帕里维拉表情严肃地把卡布尔叫到跟前，对他说："我们是父子，在家里，我们当然可以像普通父子那样说笑打闹。但是，你要记得，在外面，你就是一个普通人，应该像所有的普通人一样，走自己的路，而不是在我的光环下生活。"

帕里维拉给儿子订立了规矩：不许张扬自己的身份；不能狂妄自大、不尊敬他人；不许一登台就演主角。

卡布尔很聪明且善于接受他人的意见，他对于自己以前的行为感到非常羞愧。他下定决心一定要改掉自己的缺点，做一个堂堂正正的人，走自己的路，成就自己的事业。

经过这次谈话，卡布尔不再狂妄自大，他像所有普通人一样，从头做起，苦练基本功，从不披露自己的身份。直到 18 岁他才开始走上银幕，而且正如和父亲约定的那样，演的都是配角。

帕里维拉的朋友曾对他感到疑惑，并向帕里维拉建议说，卡布尔很有才华，只要帮他一把，他就可以功成名就。

对于这些善意的建议，帕里维拉总是给予这样的回答："想要成名很容易，但是如果在我的提携下成名，只会害了他。他只有走自己的路，拥有了丰富的生活经验和深厚的艺术功底，才能让自己的艺术生涯更加长久。”

就是这样，在帕里维拉的严格教导下，卡布尔一天一天地进步，终于在《流浪者》中展示了他的才华，向世界证明了他的实力。

卡布尔成名后并没有松懈，他牢记父亲曾说过的话：走自己的路，不断前进。

天堂和地狱

很多富人家的孩子不事生产，因为父母给了他足够的金钱让他富足地过完一生。其实，这是对孩子最错误的“疼爱”，总有一天他会独自一个人生活，面对各种各样金钱解决不了的问题。与其让他到时候束手无策，倒不如现在教他爱上工作，学会生活。

石油大王洛克菲勒对儿子的教育非常严厉。读一下他写给儿子的一封信，或许天下父母能够有所收获。

亲爱的约翰：

前几天读了一则寓言，我感触颇多。现将寓言的内容给你复述一下，希望你有所收获。

很久以前，一个欧洲人在他死的时候，发现自己到了一个美妙而又能享受一切的乐土。正在惊叹的时候，有个侍者模样的人走到他面前，彬彬有礼地说：“先生，请问您需要什么吗？在这里您可以拥有一切，只要您愿意：美味佳肴、娱乐消遣，还有数不胜数的妙龄美女，这些，您都可以尽情享用。”

这个人一听，惊奇而高兴，他窃喜：侍者所说的不正是我活着时候的梦想吗？于是，接下来的好几天，他都在品尝美味佳肴，同时尽享美色。可是，有一天，他突然感到眼前这一切索然无味，于是他就对侍者说：“我已经对这一切感到厌烦了，我不想再这样生活了，想做一些事情。能给我找一份工作吗？”

没想到侍者摇了摇头说：“非常抱歉，先生，我们这里什么都可以给您提供，就是不能提供工作。”

这个人一听，感到非常沮丧，他愤怒地说：“真是糟糕！那我干脆就留在地狱好了！”

“请问先生，您认为您这是在什么地方呢？”侍者温和地说。

约翰，这则寓言很幽默，我感觉它是在告诉我：失去工作就是失去快乐。可是很遗憾，总有很多人是在失业后才体会到这一点。这是不幸的！

我可以自豪地告诉你，我从来不知道失业是什么滋味。这并不是因为我运气好，而是因为我从不把工作当作是毫无乐趣的苦役，因此总能从工作中找到无限的快乐。

在我看来，工作是一项特权，它带来比维持生活更多的事物。工作是生意的基础，是财富的来源，也是塑造天才的厂房。工作使年轻人奋发向上，人们必须先爱工作，才能得到最大的恩惠、获得最大的成果。

最初工作的时候，我听说，一个人想爬到高峰需要牺牲很多。然而，后来，随着我接触的人和事不断增多，我才逐步了解到很多正爬向高峰的人，其实并非在“付出代价”。他们之所以努力工作，根本原因是他们真正地喜爱那份工作。无论从事什么行业，只要是在往上爬的人，都是全身心地投入他们正在做的事情，并且，真心喜爱那份工作，自然也就成功了。

热爱工作是一种信念。有了这个信念，我们就能够把一座绝望的大山凿成一块希望的磐石。记得一位伟大的画家曾说过：“痛苦终将过去，但美丽永存。”

然而，总有一些人不够聪明，他们非常有野心，但是却总是对工作一味挑剔，希望能够寻找“完美的”雇主或工作。殊不知，雇主需要的是准时工作、诚实肯干的员工，只有那些加倍努力、无限忠心、极其热心、又用最多的时间去做事的员工才会有加薪和升迁的机会，因为雇主是在经营生意，而不是在做慈善事业，他们需要更有价值的人。

不管有多大的野心，你首先都要起步，才可能到达高峰。所谓万事开头难，只要起步了，后边的事情就好办了。越是有难度的工作就越应立刻去做。因为越搁置，就会越困难，道理如同打枪，瞄准时间越长，射击的机会就越渺茫。

我一生都不会忘记我的第一份工作——簿记员。那时候我虽然每天一大早就得去上班，并且办公环境相当艰苦——办公室里点着的鲸油灯昏暗极了，可是我却做得津津有味，这工作甚至令我着迷和喜悦，我始终保持着最大的工作热情，结果是我的薪酬日益提升。

收入不过是你工作的副产品，做好你该做的事，就不用担心理想的薪酬。况且，你要明白，我们劳动的最高报酬，并不在于我们获得了多少，而是在于我们会因此成为什么。多数头脑活跃的人拼命劳作并非只是为了赚钱，而是因为这是他们为之着迷的事业。

说实话，我是一个野心家，很小的时候，我就梦想着自己成为富翁。对我而言，我受雇的休伊特—塔特尔公司让我的能力得到锻炼，让我的才华得以展示。公司代理各种商品的销售，拥有一座铁矿，还经营着铁路和电报，这两项给美国经济带来革命性变化的技术为它的生存打下了坚实的基础。是它把我带进了妙趣横生、广阔绚烂的商业世界，让我学会了尊重数字与事实，并且让我看到了运输业的威力，更为重要的是，它培养了我作为商人应具备的能力与素养。而这一切都在我以后的经商中发挥了极大效能。可以这么说，没有在休伊特—塔特尔公司的历练，我或许会在事业上走很多弯路。

直到现在，我一想起休伊特—塔特尔公司，想起当年那两位老雇主休伊特先生和塔特尔先生，我就会从内心里感激不尽，那段工作生涯是我一生奋斗的开端，为我的奋起奠定了坚实的基础，我永远感激那三年半的工作经历。

所以，没有人听到过我报怨雇主，当然，我也的确没有像有些人那样抱怨他的雇主，说："我们不过是奴隶，雇主高高在上，在他们豪华的别墅里享乐；他们的黄金都快要把保险柜撑爆了，他们所有的财富都是通过对我们无情的压榨得来的。"不知道这些人是否想过：他的就业机会是谁给的？他建设家庭的可能是谁给的？他发展自己的可能的机会是谁给他提供的？既然他们已经意识到了别人对自己无情的压榨，那你为何不选择结束这种压榨，一走了之呢？所以说，工作是一种态度，它决定了我们快乐与否。同样都是石匠，也同样都是在雕塑石像，但是当被问到他们在做什么时，回答却截然不同，其中一个可能会说："瞧，我正在凿石头，凿好这个我就可以回家了。"这种人从来都是把工作看作是一种惩罚，你会经常听到他在说"累"。

而另外一个人却可能会说："瞧，我正在做雕像。工作很辛苦，但是却有不错的酬劳。毕竟我的一家老小需要温饱。"这种人永远都把工作当成负担，你会经常听到他说"养家糊口"。

而第三个人却可能会把手中的工具放下，欣赏着自己的杰作说："瞧，我正在制作一件艺术品。"这种人永远都以工作为荣，把工作当作乐趣，我们会时常听到他说"这个工作很有意义"。

约翰，说到最后，我只想向你传达这样一个意思：无论是天堂还是地狱，都由自己建造。假如你赋予工作意义，那么你就会感到快乐。假如你不喜欢做，即使事情很简单，也会变得困难、无趣；假如你整天叫喊着工作累人，就算你根本不卖力气，也照样感到精疲力竭，反之则不同。事情就是这个样子。约翰，假若你视工作为乐趣，则人生就是天堂；假若你视工作为义务，则人生就是地狱。重新审视一下你的工作态度吧，我的儿子，那会让我们都感觉愉快。

爱你的父亲

1897 年 11 月 9 日

给孩子自己做事的机会

孩子是天生的学习者，但是父母不一定是良好的教育者。父母都应该好好珍惜孩子的好奇心，耐心对待。

迈克 3 岁的时候，对一切事物都十分好奇。有一次，他想自己把鞋穿上，可是笨拙的他穿了半天也没有成功。这时在一旁的妈妈着急了，她一把抱起迈克说：“来，妈妈帮你穿！”一眨眼的功夫妈妈就把迈克的鞋穿好了。可是迈克并没有感到高兴，小小的他受到了打击，他觉得自己很笨，不愿意再试着穿鞋了。

一转眼，迈克已经 4 岁了。他总是喜欢模仿大人做事。一次，他看到妈妈正在花园拔草，他觉得很新奇，于是走过去模仿起来。妈妈看到他大呼起来：“迈克，快停下来，杂草会割伤你的小手的。等你长大再帮妈妈干活儿好吗？”迈克失落地回到屋子里，他看到地板很脏，于是，找来墩布想要弄干净。这时，爸爸看见了，赶快把墩布夺过来，说：“迈克，你还太小，不会干这些，让爸爸来好吗？”就这样，迈克丧失了一次又一次成长的机会。

要想学会走路，必须先学会摔跤。孩子若想学会穿鞋，就必须经历一次次的失败。妈妈不能总以“太慢”“错了”“还太小”这样的言辞来阻止孩子去学习，也许妈妈并不知道孩子的积极性总会在这种怀疑声中慢慢消失。当妈妈把所有的事情都大包大揽时，只会让孩子变得自卑。孩子也会有自尊心，父母都不要小看自己的孩子，给他们一些空间，他们才能去创造美好的未来。

孩子是需要鼓励支持的。第一次做错了，妈妈应该鼓励他，下次就会做对了。第二次做得不好，妈妈应该告诉孩子已经有了进步。这样，孩子才会愿意一次一次地去尝试，直到他觉得自己做得已经足够好。接下来，孩子就会充满自信地去做更多的事。

孩子的潜力是无限的，他们可以做更多妈妈意料之外的事。所以，当孩子想要拔草的时候，妈妈可以教他怎样去拔才不会伤到自己，妈妈可以教他认识各种植物。这样，无形之中，孩子的知识会越来越丰富，而且，当他看到自己的劳动成果时，他的内心会充满温暖的力量。所以，请相信自己的孩子，给他们自己做事的机会吧！

让孩子亲身体验

若想取得成功，必经的道路就是亲身体验。

亲身体验往往比生硬的教育更能让孩子印象深刻，所以父母应该给孩子尝试的机会。只有让孩子亲身尝试，他才会知道盐是咸的，糖是甜的，眼泪是咸的，微笑是甜的。

安妮的女儿是一个活泼的孩子，她对一切事物都很好奇。不知道从什么时候开始，她忽然对事物很感兴趣。无论看到什么她都会放到嘴里尝尝，也许孩子的乐趣就是故意违背父母的意愿，安妮不让她吃的东西，她就非要尝一尝。

安妮曾经告诉她，小孩子不要吃辣椒。可是她一直不知道辣是什么感觉。有一天，要吃晚饭了，安妮还在厨房里忙活，而辣椒酱就放在外面的桌子上。女儿趁这个机会，赶紧吃了一口。紧接着，她的小脸就涨得通红，眼泪哗哗地流下来。红红的小舌头伸在外面，手不停地扇动着。

安妮听到女儿有些不对劲儿，就赶快跑出来，看到这一情况，她赶紧给女儿倒了一杯水。女儿接过水拼命地喝，可是嗓子还是火辣辣地疼。最后，喝了一大杯水吃了半块面包，才不那么难受了。从这次以后，女儿再也不敢碰辣椒了。

经过这件事情，女儿并没有学得乖一些。安妮最喜欢咖啡，尤其是纯正的黑咖啡。女儿看到了，也对咖啡产生了浓厚的兴趣，总是跃跃欲试。安妮告诉她说，咖啡是苦的，她怎么也不相信，因为她看到妈妈喝的时候总是很享受。她确定咖啡的味道一定很美妙。

终于，她又找到了一次机会，安妮刚刚冲好咖啡，这时门铃响了，安妮把咖啡放在一个比较高的桌子上然后去开门。女儿赶紧去拿咖啡杯，但是，她还太矮，她伸直了胳膊去触碰那个杯子，试了两次之后，杯子哗啦一下掉了下来，热热的咖啡洒了出来，一大半浇在了女儿身上。她“哇”地一下哭了。安妮赶紧跑过来，只见女儿狼狈地哭着，咖啡杯摔碎了，到处都是咖啡渍。安妮也顾不得生气，赶快把女儿拉到了洗手间。女儿虽然还在哇哇大哭，但是仍然没有忘记自己的初衷，她伸着舌头舔了舔脸上的咖啡，一股苦味瞬间袭来。女儿的哭声更大了。

安妮看到女儿这个时候还不忘尝尝咖啡的味道，苦笑着问道：“是苦的吧！”女儿点着头，终于相信了妈妈的话。

像所有的女孩一样，女儿喜欢干净，喜欢洗澡。她最喜欢的是柠檬沐浴乳的味道。香甜的味道加上明亮的黄色，深深地吸引了女儿。这次她很容易就把沐浴乳拿到了手中。趁着妈妈不注意，一下就挤了一些放到嘴里。等安妮发现，她已经开始吐口水了。

安妮又找来水，让她又喝了一杯，她才不再难受了。

女儿真的是一个执著的孩子。在吃了那么多难吃的东西之后，她还是“吃”心不改。她又喜欢上了橡皮泥，她觉得这真是一个好东西，可以捏出各种各样的形状，而且软绵绵的，一定很好吃。

果真，她又把橡皮泥塞进了嘴里。这次没有太特别的味道，她嚼了嚼吐了出来。正好被安妮发现，安妮已经见怪不怪了。她笑嘻嘻地问：“好吃吗？”女儿摇了摇头，摆出一副懊恼的表情，说：“不好吃。”

孩子的好奇心是天生的，孩子的调皮捣蛋也是天生的。不要总是阻止他们探索这个世界，越是有阻力，孩子就会越反抗。生活也是如此，孩子要自己感受生活的酸甜苦辣。父母不要时刻守护着孩子，放手让他们自己去经历，自己去闯！经历过风雨，才会见到最美的彩虹。

做孩子忠实的观众

聪明的父母总会珍惜孩子每一次犯下的错误，因为这是教育孩子的最好机会。每个孩子都是在错误中成长起来的，在他们犯错的时候，父母要帮助他们分析原因，解决问题。在这一点上，有的父母做得并不好，他们总是希望可以替孩子背负更多的错误，让孩子可以少走一些冤枉路，可是，他们并没有意识到这样做其实放弃了多好的锻炼孩子的机会。

一些孩子在沙滩上玩沙土。一个男孩想借助漏斗把沙子装到瓶子里，但是沙子却顺着漏斗一直流到地上，小男孩很奇怪为什么一直装不满这个小小的漏斗。他想了很久，用手堵住了漏斗的小口，然后往里面装沙子，总算是装满了漏斗。当漏斗装满了，他就放开手，将漏斗口对准瓶子。可是，沙子流得很快，就在他从松手到对准瓶子的一小会儿时间里，沙子已经没剩多少了。

反复试了很多次，小男孩终于明白，应该先将漏斗口对准瓶子，再去装沙子。这样，瓶子很容易就装满了。小男孩很高兴，自豪地看着妈妈，妈妈也竖起大拇指夸奖他。

同时，另一个小男孩也在做同样的事情。但是，当他第一次失败时，他的妈妈就马上去教他怎样做。当然，孩子很快学会了，大家都很高兴。但是，妈妈并没有意识到她的孩子少了一次自己学习的机会，也失去了一次证明自己的机会。

为人父母者应好好想想，自己是不是过多地干预了孩子的成长。阻止孩子犯错误，真的是明智之举吗？第一个小男孩的妈妈以实际行动告诉大家：让孩子自己做人生的主角，父母只做观众，就是对孩子最好的教育。

孩子在受到挫折以后，会因为最后的成功和被肯定而信心大增。父母如果剥夺了孩子犯错误的机会，也就等于放弃了让孩子肯定自己的机会。

留给儿子的信

父母不可能永远陪着孩子，父母留给孩子最好的礼物就是让他学会独立生活。

伯特 11 岁的时候，他的父亲因病去世了。弗兰克叔叔接过了养育伯特的重担。

“伯特，你父亲要我交给你这封信。”弗兰克叔叔说。

伯特打开信，看到父亲留给他的话：

“亲爱的儿子，我爱你！一直以来，我都有许多话想对你讲，只是没想到，是以这种方式。

我们家一直就很富裕，你从来就不用为了生活而劳碌奔波。但是，之前的富裕生活可能不会带给你美好的未来。我总有一天会离开，而已经养成懒惰习惯的你将会怎样生活呢？

为了你的将来，我送你去读书。我以为学校的生活可以帮助你改掉一些坏习惯，也能帮助你树立正确的人生观，但是，事实证明你并没有多少改变。

在这里，我想对你说一声抱歉，请原谅我对你不够关心。长久以来，我一直认为有了富裕的生活就足够了，你可以在我的保护下好好生活，但我发现我错了，没有谁是谁的支柱。每个人都必须依靠自己的力量而活。

亲爱的儿子，如果我离开了，在这个世界上，你将无依无靠，所以你必须学着独立。抛弃你的懒惰吧，勤奋会让你更加快乐，更加充实和自信。

这是我最后的愿望，我知道你可以做到。你可以勇敢地面对以后的生活，做一个真正的男人。好了，我必须停笔了，亲爱的，我会永远陪在你身边！”

伯特的泪水打湿了父亲的信，他忽然明白原来父亲是如此地爱着自己。

“我会完成爸爸的心愿！”伯特郑重地对自己说。

戴尔的故事

有的时候，不需要左思右想，有了想法就要去做。只要相信自己可以创造奇迹，并为此付出努力，奇迹就会走过来。

医生是一个让人尊敬的职业，在美国犹为如此。不少父母都想把自己的孩子培养成一位能够治病救人的医生，但是孩子可能并不这么想。

一般男孩子都很顽皮，喜欢摆弄东西，他们总会把家里的电器拆得七零八散。就有这样一个痴迷于计算机的男孩，家里的那台旧苹果计算机就是他改造的对象。他把那台计算机拆了装，装了拆，仔细地研究它的结构。

但是，与对待计算机不同，对于学习，男孩远远没有那么热衷。男孩的父母很着急，因为在他们看来，男孩是不务正业。他们一遍一遍地提醒男孩，把精力用在学习上才是正途。到了升学的年纪，男孩遵从父母的意愿考上了一所医科大学，父母都很高兴，但是，这并不是男孩的理想，他依然执著于研究计算机。半年以后，他终于下定了决心，退学，然后去开创自己的事业。

他理想的事业当然是计算机业，他一步一步地建立起了自己的电脑公司。由于他的才华和能力，公司发展得很顺利。在他 23 岁的时候，他已经拥有了 1800 万美元的资金。而 10 年后，他的总资产已达 43 亿美元。

他就是迈克尔·戴尔，美国戴尔集团的总裁。

邮票与明星卡

孩子从来就不希望父母横加干涉自己的选择。无论他们的选择是什么，都希望得到父母的支持与认同。因为这表示他们拥有了独立的人格，他们受到了尊重。倘若遇到某些事情不得不去教训孩子，父母也应该注意避免居高临下的态度，因为这本身就是不尊重孩子的表现。

大卫 9 岁生日那天，为了鼓励他集邮的兴趣，爸爸特意买了一整套珍贵的邮票送给他。不久，大卫去朋友家里玩，他发现朋友拥有一套篮球明星卡，眼馋极了，而那个朋友也眼馋大卫的那套邮票，于是俩人就进行了交换。

又过了一些日子，爸爸突然想起了那套邮票，想看看儿子是否因此对集邮更感兴趣了，就去询问大卫，结果，被告知那套邮票同朋友交换了，大卫说着，还拿出换来的篮球明星卡向爸爸炫耀。没想到爸爸却生气了：首先，他认为这是自己送给儿子的礼物，儿子居然这么轻易就把它跟别人换了，显然是不尊重他；其次，他知道那个用篮球明星卡换走大卫邮票的小孩比大卫大几岁，那个孩子应该知道这套邮票的价值肯定远远超过那套明星卡的价值，但是他却没有跟大卫讲这些，所以这个孩子是占了大卫的便宜。当然了，最关键的是爸爸认为大卫并未与他商量，就把整套邮票都换了出去。因此，他认为这次非教训大卫不可。

于是，他用一双生气的眼睛看着大卫，并用一种非常严厉的口气说："小子，你知道邮票和篮球明星卡之间的价值相差多少吗？爸爸送给你的那套邮票非常贵重，它可以换好多这样的明星卡。马上去你朋友那里把那套邮票换回来！"

大卫被爸爸激烈的言辞吓坏了。他迅速地走出了家门，一路上都在思考怎样开口要回邮票。这一切都让大卫觉得自己很失败，不仅在朋友面前感到非常尴尬，而且还感到自己是一个十足的笨蛋，并且从此大卫和朋友之间的关系彻底破裂。

大卫难受极了，爸爸在责怪自己，朋友在取笑自己，最痛苦的是梦寐已久的明星卡又要从自己手上溜走了。

爸爸可能会认为，经过这件事情，大卫可以学会如何判断事物的价值。而实际上，爸爸让大卫陷入了一种混沌的状态。大卫极不情愿地否定了自己的想法，而去迎合了爸爸的观点。其实，孩子的价值观是在生活中慢慢培养起来的，父母应该给予孩子正确温和的引导，让孩子自己去选择、去判断，去找到正确的答案。如果强迫孩子去做不明白的事情，只会适得其反。

万圣节与天气

孩子遇到的困境，应该让孩子自己去面对。不要迁就他们，也不要纵容他们的任性。让他们承受一些压力，当困境过去，他们会骄傲地认为自己很棒。

一年一度的万圣节就要来临，大家都在忙着做准备。大人给孩子买来漂亮的服饰、糖果。看到这忙碌的场景，安东尼非常兴奋，他也催着妈妈为他准备过节的服饰。

万圣节那天早晨，妈妈一早就把安东尼的衣服准备好了，另外还备好了糖果，给晚上来讨糖果吃的孩子吃。安东尼也一早就开始期盼夜幕降临，和别的孩子一起穿新衣服、讨糖果吃。

但是，天有不测风云，眼看着天渐渐暗下来，安东尼也越来越迫切地想要出去玩，天却下起雨来。安东尼很焦急，他问妈妈：“雨要下多久呢？”

妈妈不想让安东尼失望，于是安慰他说：“等等吧，很快就会停的，你先去干别的事情吧。”

安东尼玩着玩具，但是总是心不在焉，不时地看着窗外。晚饭过后，雨并没有停的迹象，反而越下越大了。安东尼难过极了，不禁哭了起来。

妈妈走了过来，温和地说：“安东尼，我知道你很难过，可是，我们不能掌握天气啊！今年的节日错过了，明年我们还可以过啊！”

安东尼并不理会妈妈的好言相劝，说：“明年还要很久，为什么我今天不能过呢？”

“安东尼，今天下雨了啊，你难道不能学着忍耐一下吗？”

“不，我现在就得过。”

妈妈的耐心在一点一点地流失，但还是试图再劝一劝他：“安东尼，有什么方式可以补偿你，让你觉得开心一点吗？”

可是，安东尼此时只管哭闹，而且声音越来越大。

妈妈的耐心彻底消失了，她严肃地说：“安东尼，你因为下雨不能出门很失望，我很理解你。但是，这已经是事实，天气是谁也无法掌控的，既然无法改变，你为什么不能试着接受呢？”

安东尼似乎听进去了，渐渐停止了哭闹。过了一会儿，他提议道：“妈妈，我们就在家过节吧！”

忘带的作业

亲身经历会让孩子感受更深刻，影响更长久。所以，不妨给孩子设置一点障碍，为难一下他们。最后不要忘了，选择对的时间，帮助他们分析问题、解决问题。

老师每天都会叮嘱学生要按时交作业，可是，有一天贝拉却忘记带了。

于是，贝拉求助于她的妈妈，希望妈妈可以把作业送过来。可是，妈妈拒绝了她的要求，她希望贝拉可以自己解决这一问题。遭到拒绝的贝拉很难过，她觉得有必要威胁一下妈妈。于是，她对妈妈说如果你不来送作业的话，大家会认为你是一个不负责任的妈妈。但是妈妈对于这种威胁不以为然。妈妈认为如果贝拉可以从这件事上得到教训，学会自己负责自己的人生，那就是值得的。

但是，贝拉显然不能理解妈妈的行为，她开始生气，觉得在这种严峻的情况下，妈妈非但不帮助自己，还火上浇油。老师现在已经很生气了，如果自己用上课的时间回家取作业，不知道老师会怎么想。但是妈妈的态度很坚决，好像根本没有商量的余地。贝拉只好满腹牢骚地自己回家取作业。一回到家，贝拉就故意用恶劣的态度和妈妈说话，希望妈妈意识到自己的错误，然后送自己回学校。可是，她的计划并没有得逞。妈妈只顾着忙自己的事，根本就不理睬她。最后，妈妈平静地说了一句：“亲爱的，先去学校吧，这件事情我们等你放学再谈。”

放学后，贝拉的火气已经没有那么大了。妈妈觉得这是跟贝拉交流的最好时机。她把贝拉叫到跟前，亲切地说："亲爱的，你知道妈妈很爱你。妈妈今天没有去给你送作业，妈妈知道你很生气，在同学面前很丢脸，是不是？"贝拉点了点头，赌气地说："既然你知道，那为什么不去给我送作业呢？"妈妈微笑着说："亲爱的，能告诉我你为什么忘了带作业吗？"贝拉回答道："早上，我匆忙地赶校车，所以就忘记把作业装起来了。"妈妈接着问："噢，那的确很糟糕，可是亲爱的，通过今天这件事，你有什么收获吗？"贝拉歪着脑袋想了想，说："嗯，我以后会先把作业收到书包里的。"妈妈接着说："再想一想，还有别的收获吗？"贝拉又想了想，说："我可以每天按时起床，这样就可以轻松地做好每一件事了。"妈妈笑了笑说："我的贝拉真聪明。你想一下，如果今天我替你送了作业，你还会有这些收获吗？"

听到这里，贝拉惭愧地低下了头。

汤姆的烦恼

孩子成长的直接方式就是让他们自己解决问题，父母应该给予他们这样的机会。

汤姆性格外向，总是热衷于参加学校举办的各种各样的户外活动。

有一次，汤姆的学校又组织同学们去郊游，这次去的是一个风景优美的小镇。汤姆非常兴奋，可是当他兴冲冲地赶到汽车站时，老师却给了他重重一击。因为郊游需要出示父母签的同意书，而兴奋的汤姆却忘了带。汤姆很不甘心地回到家里，气冲冲地跟妈妈说："妈妈，老师不允许我去郊游，你一定要开车带我去，因为我现在很难过。"

"汤姆，怎么可以这么任性呢？我知道你很想去，可是妈妈还有自己的事情，没有时间带你去。"妈妈有些不悦。

"那怎么办呢？"汤姆看到妈妈生气了，觉得自己有些过分。

妈妈想了想说："你已经是个大孩子了，可以自己坐公共汽车去呀。"

汤姆有些退缩："那怎么行，路那么远，而且没有直达的车，还需要换乘。"

"明白了，你自己不敢坐公共汽车，对吗？"妈妈平静地问道。

汤姆没有再辩驳什么，低着头嘟着嘴离开了。过了几分钟，他又兴冲冲地跑了回来。他自豪地对妈妈说："妈妈，我现在就要出发了，我找到了一条最近的路线，我可以自己乘车去。"

于是，汤姆就这样出发了，开始了一次独立的旅程。

学会等待

父母应该有选择地满足孩子的要求，在适当的时候让孩子学会等待和理解，学会控制自己的欲望。

一天，珍妮追着香味跑到厨房，原来妈妈正在炖鸡汤。

"妈妈，我要吃。"

"还没有炖好，再等15分钟吧，亲爱的。"

"不行，我现在就要吃。"小珍妮显得有些急躁。

"珍妮，鸡汤还没有炖好，怎么吃呢？妈妈不喜欢不听话的孩子。"妈妈说。

"我饿了，我现在就要吃。"珍妮喊道。

妈妈忽然想到这其实是一次机会，可以趁机锻炼一下珍妮的耐心和自制力，让她学会忍耐。于是，妈妈让珍妮出去等。

15分钟过去了，珍妮又跑到厨房，急切地问："妈妈，时间到了，可以吃了吧！"

"已经炖好了，但是现在还很烫，你可以再等一会儿吗？"

如果是平时，妈妈肯定已经把鸡汤端到珍妮面前了，可是为了让珍妮学会等待，妈妈故意让她等的时间更久一些。

"我不要，我要现在吃，我不怕烫，"珍妮情绪很激动，哭喊着。

"珍妮，你太任性了。妈妈说过不喜欢不听话的孩子，你必须再等5分钟。"妈妈严肃地说。

珍妮既委屈又生气，十分不理解妈妈今天怎么了，哭着离开了厨房。

过了5分钟，妈妈把香喷喷的鸡汤端到了珍妮面前，说："现在可以吃了！"

珍妮看到妈妈态度有些缓和，希望妈妈能讨好一下自己。妈妈当然明白珍妮的小心眼儿，但并没有理她。又过了几分钟，珍妮发现事情并没有像她想象的那样发展，便妥协了，自己静静地喝起了鸡汤。

汉森的变化

孩子也有烦恼，也需要一个可以倾诉的对象；这时，父母便是最好的听众。更为可贵的是，孩子会在倾诉的过程中慢慢地找到解决问题的方法。

一天，汉森从幼儿园回家后，心情很低落，他走到妈妈跟前一脸委屈地说："妈妈，今天我想玩什么，马克偏偏不玩什么。"

"所以你今天很生气，很不开心是吗？"妈妈问。

"对，我以后再也不跟他玩了，他不再是我的朋友。"听到妈妈的询问，汉森忽然觉得有人可以理解他，听他诉说，他的心情变得有些开朗了。

"可是，汉森，你只是为了马克不玩你想玩的游戏生他的气吗？这未免有些小题大做吧。"妈妈说。

"可能是的。"汉森忽然觉得马克并没有那么可恨。

"你很珍惜和马克的友情，是吗？"妈妈关切地说，希望汉森自己可以解决这个问题。

"是的，他是我最好的朋友，但是我还是有些恨他。"汉森现在心情很复杂。

"他是你最好的朋友，但是你还是有些恨他。"妈妈的表情也开始变得很复杂。

过了一会儿，汉森开始分析原因："过去我们很好，他总会听我的，但是现在不同了。"

"哦，你是说，马克现在不再听从你了，他在学着自己思考，是吗？"妈妈开始了解事情的原因。

"不过，马克比以前更可爱了。"汉森说。

"所以说，你并不是特别讨厌马克，你觉得他现在很好。"妈妈发现汉森对于马克的变化并不反感。

"是的，妈妈。他是我的朋友，但是我希望他听我的，一直以来不都是这样吗？如果有时我也可以听他的指挥，可能我们就不会吵架了，对吗，妈妈？马克并没有错。"

贝利选择踢足球

在孩子确立了目标并向着目标前进的过程中，必然会遇到或强或弱的诱惑。这时，父母必须帮助孩子认识问题，学会自制，抵制诱惑。只有这样，孩子才会更快更稳地到达成功的彼岸。

巴西足球运动员贝利，是名副其实的“世界球王”，他从小就喜欢足球，拥有异于常人的天赋。

有一次，小贝利参加了一场比赛，由于太过疲惫，中场休息时，他向队友要了一支烟，炫耀似的吸起来。在烟草的作用下小贝利浑身轻松起来，仿佛重新注入了活力。

而父亲正好看到了这一切。晚上，父亲把小贝利叫到身旁问：“你今天是不是抽烟了？”“是的。”小贝利的声音很小，他知道这样做是不对的。父亲沉默了很久，小贝利心里越来越不安。但是，父亲并没有发脾气，而是语重心长地说：“贝利，知道吗？你真的很善于踢球，你拥有过人的资质。可是，为什么你不珍惜上天赐予你的东西呢？你知不知道抽烟会伤害你的身体，如果你真的在乎足球的话，你应该知道怎么做。”父亲看着小贝利有了认错的态度，语气更加缓和：“你现在已经足够大了，可以自己拿主意。我不会干涉你的自由，你是想做个厉害的足球运动员，还是想做个烟鬼？你自己决定吧。”

最后，父亲塞给小贝利一些钱，说：“如果你选择了后者，不愿意继续你的足球生涯，那么，这些钱就拿去买烟吧！”

小贝利反复想着父亲的话，觉得自己的行为实在很幼稚。他把钱还给了父亲，痛下决心，坚定地对父亲说：“爸爸，我以后不会再抽烟了，我还是更喜欢做一个优秀的运动员。”

贝利说到做到，从那次以后，他再也没有抽过烟，而是把精力都用在了训练上。有付出便有收获，他 15 岁参加了桑托斯职业足球队，16 岁进入巴西国家队，被人们称为“黑珍珠”。现在，贝利已经功成名就，但仍然遵守和父亲的约定，从来不抽烟。

黑暗并不可怕

在孩子面对挑战时，家长应该鼓励他们勇敢迎接挑战。

一天晚上，妈妈坐在桌子旁刺绣。奥尼尔在旁边安静地看画报。

“奥尼尔，可以去楼上帮妈妈把插针垫拿来吗？就在壁橱里。”妈妈轻问。

奥尼尔好像没有听到妈妈的话，依然在翻看着画报。

“奥尼尔！”妈妈又轻轻地喊了一声。

“噢，妈妈，请不要让我去，好吗？妈妈，我会害怕的！”奥尼尔哀求道。

“为什么会害怕，亲爱的？”妈妈放下手中的活，好奇地问。

“那里太黑了，妈妈。”

“黑是什么呀？”妈妈问，“看！奥尼尔，它不过是一个影子而已。”妈妈边说边把手伸向灯与桌子上的针线篮之间。

“瞧，现在篮子里是黑的，可是只要妈妈把手移开，它就会立即亮起来。过来，孩子，站在灯与墙之间。瞧！墙上那就是你的影子。它是不会伤害你的。”

“嗯，太对了，妈妈！我也相信它不会伤害我。”

“是呀，奥尼尔，黑暗呢，也是影子，不过比一般的影子大而已，它是笼罩万事万物的大影子。”

“妈妈，是什么制造了如此大的影子？”

“这个嘛，奥尼尔，等你再长大一些后，我就会告诉你的。现在，我只是希望你能够做一个不再害怕影子的勇敢男子汉。现在，我要再问你一遍，你敢到楼上把我的插针垫拿来吗？”

“当然，妈妈，我马上就拿！”奥尼尔拍着胸脯勇敢地说。

莉莎的作文

当孩子面对困难时，家长要采用正确合理的办法引导孩子去克服。

莉莎放学了，她哭着跑进家门，跑到妈妈身边，着急地说："噢，妈妈，真是糟糕。"莉莎呜咽着，"老师让我们明天早上交作文，可我却到现在都还没有写出来。老师告诉我们至少要写12行，可是今天一下午，我才写了几个字。妈妈，我该怎么办啊？"她边哭边把那张作文纸递给布朗太太。

布朗太太接过来一看：时间、自制和勤奋。

女儿写道："时间很短暂，我们不能浪费时间，应充分利用时间。""自制是非常重要的。""无论要做什么事情，我们都应该勤奋。"显然，这的确不是一篇完整的作文。

"妈妈，"莉莎说，"我再也想不出一个词了，我敢肯定明天交不上完整的作文了，可我又不好意思从书上抄或是让爸爸和妈妈帮我写。我怎么这么笨啊，妈妈！"说着说着，莉莎又泣不成声了。

"很好，孩子，"布朗太太说，"自己写的作文，再糟糕，都比别人代写的好作文更让你感觉幸福。不过，亲爱的，忘掉不愉快吧，你之所以没有开好头，是因为你在尝试着写自己根本不了解的题目。现在，去花园里玩吧，一会儿我叫你。"

"可是妈妈，我的作文……"莉莎还是很担心。

"尽情去玩吧，孩子，什么都不要想，先把作文的事情放在一边。"布朗太太安慰道。

莉莎相信妈妈的话，就跑到花园去玩了。感觉没有多长时间，莉莎就听到妈妈叫她。她忙跑回屋，手捧小花，满脸喜悦。

"亲爱的，现在你应该坐在窗前，拿来纸和笔，写下你看到的东西。"妈妈建议道。

"可是妈妈，我的作文呢，我什么时候开始写作文呢？"莉莎又问。

妈妈轻轻地拍了拍莉莎的小脑袋，说："一会儿再说作文的事情吧。先做我告诉你的。"

莉莎点了点头，拿起纸和笔，坐到窗前，开始观察外面的景物。

"写下你对看到的东西的想法，亲爱的。"妈妈又说了一遍。

看了一会儿，莉莎突然很兴奋地说："妈妈，你看到西边的天空和绚烂的晚霞了吗？好壮观的落日啊！"

"不要说，孩子，写下来。"妈妈说。

“那我就写写落日吧，妈妈。”几分钟后莉莎说，“妈妈，我把写好的东西念给你听吧？”

“不行，孩子，我要去做晚饭了，你继续写，直到我回来。”妈妈嘱咐说。

妈妈去了厨房，莉莎按照妈妈的吩咐继续写她看到的东西，她突然对自己做的事情很感兴趣了。好长一段时间，她都忘了那可怕的作文。她写晚霞，写远山，写树木，写河流，写开满鲜花的花园，还有那飞过窗口的小鸟。

就这样，莉莎边看边想，边想边写。很快写满了一张纸。这时，妈妈进来了，笑着问：“亲爱的，你的作文怎样了？”

“天哪，妈妈，”莉莎惊叫道，“我忘了作文了，我刚才只是非常开心地写下了看到的窗外的景物。”

布朗太太拿过莉莎的稿纸，大声朗读起来：“我坐在窗前，窗户半开，从这里我闻到了花园里飘来的花香。落日把天空染得绚烂缤纷，紫色、粉色、金色……这些颜色还在不停地变幻，我从没有见过谁的颜料盒里能有这么多漂亮的颜色。

天上有一朵洁白的云，像一只小船在蓝色的海面上航行。我真想坐上去，如果它不会让我眩晕的话。就在我写到这里的时候，云彩已经变幻了颜色和形状，都漂亮极了。

山丘是绿色的，山尖上还有一道金边。远处的小河在静静地流淌。

小鸟从窗口飞过，也许是急着赶回家照顾它的小宝宝吧。我很高兴，因为小鸟住在我们家的花园里，它的巢就在花园的大树上。

花园里的花真美，小蜜蜂都在忙着采蜜，小蝴蝶在不知疲倦地飞。我想等我生日那天，我可以用这些美丽的花朵来装扮房间。”

布朗太太说：“瞧，亲爱的，这其实是一篇很好的作文。”

“什么，你说什么妈妈？作文？这是作文？”莉莎激动地问。

“是啊，而且还是一篇很好的作文！”妈妈说，“不过就是差一个题目。”

“莉莎，给它想一个题目吧。我相信老师也和妈妈一样喜欢这篇作文，它如此优美。”妈妈接着说，“瞧，孩子，一旦对这些事物产生了兴趣，你写起来就很容易，而且还写得很好。”

听妈妈这么说，莉莎高兴极了。

第二天一大早，莉莎就把抄写工整的作文放进了书包里，上学之前，她跑到妈妈跟前说："妈妈，多有意思的事情啊，我竟然可以写那么长的一篇作文，可是我却没有意识到。"

勇敢地面对一切

不完美并不可怕，勇敢面对不完美，才能创造属于自己的辉煌人生。我们应该让孩子明白这个道理。

小镇上的人们已经习惯于每天傍晚时分听一个十二三岁的小女孩演奏小提琴，小女孩那温柔如诉的琴声可以安抚他们疲惫的灵魂。

小镇上的人们没有不喜欢小女孩的，她那张精致完美到无可挑剔的脸，那种高贵优雅的气质，几乎让人心生嫉妒。人们都在想，用不了几年，她将会在某个金碧辉煌的音乐大厅的舞台上展示她的艺术天才。

小女孩演奏的时候，总有母亲在一边陪伴，看着过往的人们羡慕的眼神，母亲的脸上有掩饰不住的骄傲，眼里充满了对女儿无限的温柔和怜爱。小镇上的人们总是很容易被这温情脉脉的一幕打动。

"假如我们有这样的孩子该多好啊。"一些母亲羡慕地说。可是，天有不测风云，一次意外的事故在小女孩的脸上留下了一道道无法挽回的伤疤，于是，她天使一样的美丽成了人们永久的记忆。

从此，小镇上的街心花园再也没有了那悠扬的琴声。

小女孩从此不再走出家门。

就在人们感觉缺少了什么的时候，突然有一天，人们又听到了琴声，不过这琴声并不悠扬，因为拉琴的不是小女孩，而是她的母亲。母亲站在女儿曾经拉过琴的地方，笨拙地拉着小提琴，断断续续的琴声让人不忍去听。不过，人们还是听了，而且人们发现，在这位母亲的脸上，并没有人们想象中的悲愁，显然她是在用琴声同屋中的女儿对话。

人们纷纷去安慰这位母亲，没想到她反而淡然一笑说："没什么，脸不好，并不意味着她成不了好的小提琴家啊！"

就这样，一天、两天，一周、两周，一个月、两个月，就像女儿原来拉琴的时候一样，每到黄昏，母亲都会按时去拉琴。时间长了，人们也会看到小女孩蒙着脸，在自家的阳台上悄悄地探出头，不过她只是望了母亲一眼便又马上回屋了。

这一天，一个醉汉闯进了花园，他莫名其妙地朝那位母亲大喊：“我从来没有听过这么难听的小提琴！请不要再拉了！”女孩的母亲眼里第一次有了愤怒，她严肃而又掷地有声地说：“我是拉给我女儿听的，假如您嫌难听的话，就请您把耳朵捂上好了。”醉汉依然不肯罢休，嘴里不断冒出一些肮脏和刺人的语言。正当这位母亲无法忍受的时候，女孩走了出来，她接过母亲手中的小提琴，坦然地仰起她那张不再美丽的脸，对那个醉汉说：“我的妈妈只为我一个人拉琴，在我看来，她就是世界上最好的小提琴手。”

然后，女孩从容演奏起她以前演奏了无数遍的曲子。越来越多的人前来围观。当她演奏完，把小提琴放下时，人们热烈地为她鼓掌。这时，人们发现母亲的眼泪夺眶而出，她激动地抱住女儿，并大声地对女儿说：“亲爱的，我只是想让你明白，虽然你的脸同妈妈的琴声一样，都不美丽，但是我们却要有勇气把它拿到人前！”

梅塞丝和沙漏

孩子在前进的途中，会遇到很多困难。只有培养他们坚持不懈的精神，才能够战胜困难，取得最后的胜利。

梅塞丝已经8岁了，她的好问超出了人们的想象。每当她看到一件新事物，总是问个没完。母亲从来都是耐心、和蔼地一一解答。

有时候，问题确实太深奥了，小孩子理解起来很困难，母亲就会说：“亲爱的，你现在还小，这个问题就算我给你解释了，你也不能理解。等你再长大一些，大概10多岁的时候，你再来问我这个问题，那时候我再解释给你听就没问题了。”听到母亲这样说时，梅塞丝就不再强求。因为她知道只要她的问题比较合适，妈妈就会不厌其烦地给她讲解。

当梅塞丝第一次看到沙漏（古代的一种计时器）时，就对它产生了浓厚的兴趣，尽管她并不知道沙漏是用来做什么的。

母亲说：“沙漏按照8字外形制成。人们把沙从一端倒入，让它流过中间的小孔。一个小时能有多少沙子从小孔流过，人们就往里面装多少沙子。”

梅塞丝对那细细的沙流进行了一番仔细的观察后，开始不耐烦了，因为里面的沙流得实在是太慢了，“妈妈，它怎么这么慢呢，让我摇一摇它吧。照这样下去永远都流不完。”小梅塞丝皱着眉头说。

“哦，亲爱的，它就是这样的。”妈妈说，“这沙子尽管流动得很慢，可它却始终没有停下过。你看看钟表上的指针，它们也走得很慢。它们都是这样的，虽然都很慢，却一刻不曾停歇。你去玩的时候，这些沙子还会像现在一样一粒粒地流动，就如钟表指针也在一秒接一秒地走动一样。一个晚上，沙漏里的沙子要流经小孔 12 次。而时钟上的时针也会绕一圈。这是因为它们每时每刻都在工作。它们从不会停下来考虑它们必须做多少或者考虑做那些工作还要花费它们多少时间。亲爱的梅塞丝，你也应像这个沙漏一样，做什么事都不要嫌慢。记住，孩子，慢并不可怕，可怕的是你停止不前，那样别人就会走在你的前面，当别人都在前进的时候，你依然原地停留。这就是退步。”

梅塞丝似乎有些明白妈妈的话了。有一次，妈妈想让她学一首赞美诗，可是她认为自己学不会。

妈妈就说：“看看那个沙漏，它永远在流动。亲爱的，不要停下来问学会它需要多长时间，只要你去学，过不了多久就能学会。”

听了妈妈的话，小梅塞丝静下心来，开始一行一行地学习那首赞美诗。两个小时后，她便能很好地理解赞美诗的含义了。

从此，每当梅塞丝有了放弃学习的想法时，就会想起妈妈关于沙漏的那番话。

花生的秘密

坚强是战胜一切困难的基础，让孩子学会坚强吧，这样，他们才可以迎着困难不断前进。

罗伯特从小就拥有一颗渴望成功的心，他希望自己成绩好，球技也好。然而，这次考试，他的成绩非常不尽如人意，而且昨天同小伙伴踢球的时候还输了比赛，这让他心情苦闷，可是他仍然不甘心，于是跑到厨房找妈妈。

妈妈正好在侍弄刚从市场买回的花生，罗伯特问妈妈：“妈妈，我总是想考好成绩，想踢好球，可是我却总是失败。妈妈，告诉我，怎样才能成功呢？”

妈妈听后没有说什么，而是笑了笑，然后转身拿出一个东西递给小罗伯特。小罗伯特接过来后，吃惊地发现躺在自己手心的竟然是一颗花生。

妈妈问道：“你有没有发现它有什么特别之处呢？”

小罗伯特把花生放在手心翻来覆去地看了一番，仍然没有发现它和别的花生有什么不同之处。

“你再用力捏捏它。”妈妈又开口道。

小罗伯特就用手捏了一下，结果花生壳被他捏碎了，只有红色的花生仁留在了手中。

“再搓搓它吧，看看会发生什么。”妈妈又说，脸上带着微笑。

小罗伯特虽然不明白妈妈的意图，但还是照着她的话做了，他轻轻地一捻，花生红色的种皮也随即脱落了，只留下白白的果实。

小罗伯特看着手中的花生，依然不明白妈妈的意思。“再用手捏它。”妈妈又说。

于是小罗伯特就又用力一捏，可是这个时候，他感觉到自己的手指根本就无法将它毁坏。

“再用手搓搓看。”妈妈说。

小罗伯特又照做了，当然再也没有什么能够搓下来的了。

“虽然屡遭挫折，但是始终保持一颗坚强的、百折不挠的心，这就是成功的一大秘诀！”妈妈说。

小罗伯特明白了，自己才遭遇几次失败就无法忍受了，这怎能实现自己的目标呢。从此，他变得坚强起来，且成绩日益进步，球技也一天比一天精湛，他的进步让周围人惊叹不已。

建城堡

失败并不可怕，可怕的是被失败打倒，放弃努力。

亨利好不容易用积木堆起的城堡被小猫一下子碰倒了，亨利气急败坏，随手拿起一块积木块，朝小猫砸去。幸好没有伤到小猫。不过亨利并没就此罢休，又拿起一块积木块。这时他的妹妹贝蒂跑了过来，赶忙把小猫抱住。

并对亨利说道："你不该打它，它又不是有意的。"

亨利听了妹妹的话，放下了手中的积木块，却突然哭了起来。

"好可怜啊！"正在看电视的哥哥乔恩说，"哭有什么用，再建一个吧。"

"不，我不建了。"亨利哭着说。

"发生什么事了吗？"爸爸听到哭声进来问。

"爸爸，小猫咪不小心碰倒了亨利堆起的城堡。"贝蒂着急地说，"可小猫也不有意的，它也不想把城堡撞倒，对吧，爸爸？"贝蒂边说边把小猫抱得更紧，怕亨利还会攻击小猫。

"嗨，亨利，真的是为这个哭吗？"爸爸摸着亨利的头说，"儿子，不要哭。我告诉你一个方法，一定比刚才建得更好。这样你就不会难过了，我敢说，我将会看到你对着你的新城堡歌唱。要不要我教你呢？"

亨利忙点头。于是爸爸就蹲下来，开始教亨利建新的城堡。很快，亨利忘掉了刚才的不愉快，他投入到了重建城堡的愉悦中。他边做便哼歌。

"这不是比哭好多了吗？"爸爸说。

"什么？我哭了吗，爸爸？"亨利似乎不知道刚才发生过什么。

"我劝过他不要哭。"看电视的乔恩抬头对爸爸说。

"假如你的风筝破了，难道你不哭吗？"亨利反驳道。

"风筝和城堡不一样。"乔恩显得有些伤感，"风筝一旦失去便永远都找不回来，可是你的城堡却还可以重建。"

"你这样说也不对。"爸爸看了看乔恩，"你已经是个大孩子了，更不应该哭。其实细棍和纸都很好找，你只需稍微干点活儿就可以把风筝修好，像新的一样。"

乔恩不再说什么，而是继续扭头去看电视。

又过了一会儿，亨利的新城堡也建成了。

"比刚才那个还要漂亮！"贝蒂非常惊喜。亨利显然也感觉它很漂亮，他自豪地欣赏着新城堡。

"要是小猫再把它撞倒，我非……"亨利愤愤地说。

"再重新建一个。"爸爸忙补充了下半句话。

"可是，爸爸，要是真的再被小猫撞倒，我就真的受不了了。"

"那就时刻保持警惕啊。要上马路就必须当心车辆，要想不和别人相撞。

就必须留意别人行进的方向。即使是在房间里，倘若你不在意，都会很容易和别人撞在一起。我就看到过一个冒失的小女孩冲进房间，撞到了一个手端托盘的仆人，结果，那个托盘里的碟子都掉到地上摔碎了。”

“爸爸，是在说我吗？”贝蒂说。

“是的，就是说你啊，不过我想你以后不可能再发生这种事了。”爸爸接着说，“就像乔恩说的，哭根本没有用。假如城堡真的又塌了，那就再建一个！”说完，爸爸离开了房间。

失败的原因

在孩子渐渐长大的过程中，不可避免地会面对失败。当他们失意的时候，父母应该耐心劝导，帮他们找出原因，并且告诉他们，胜利的曙光就在前方。

小塞德兹不到 7 岁就完成了小学教育，这当然是值得骄傲的。不过，他在学校的经历也并非人们想象得那样完美，也有很多地方不尽如人意。

有一次，学校组织体育比赛，小塞德兹也积极参加了，可是却得了倒数第一名。

当然了，其实那次的比赛是不公平的，因为那一次比赛是同年级中的比赛，小塞德兹当然吃亏了，他的年龄比同年级的同学们小很多。小塞德兹积极报名参加了 50 米短跑，结果当然不是别人的对手了。

事后，小塞德兹非常难过。他把这件事看得很重。

大约一周过去了，父亲发现小塞德兹依然闷闷不乐。为了帮助儿子摆脱这种失意情绪，父亲凑到儿子面前温和地问：“亲爱的，你还在为那件事难过吗？”

“爸爸，我实在是太笨了，我竟然得了倒数第一名，真是丢脸！”小塞德兹难过地说。

“的确，倒数第一名确实不怎么光彩。不过，孩子，你想过为什么会这样吗？”

“为什么？”小塞德兹依然沮丧。

“是因为年龄，孩子。你想啊，你的对手都比你年长，你跑得落后是很正常的……”

“可是爸爸，我不能因为年龄小就比他们差呀！”小塞德兹很不服气，“虽然我年龄比他们小，可是我却比他们的功课好，可是体育却不行，这也太丢脸了。”

“你这样说是不对的。智力是能通过教育和勤奋得到发展的，可是年龄却无人能改变。他们之所以跑得比你快，完全是由于他们年龄比你大，个子比你高。他们的腿都比你的长很多，假如跑得还不如你快，岂不是非常糟糕？”父亲说。

“爸爸，您说的也对。可是我毕竟是最后一名。同学们都在嘲笑我。”儿子依然难过不已。

父亲知道小塞德兹是一个严格要求自己而从不服输的人。因此，他往往会很固执，会钻牛角尖。于是，他进一步开导儿子说：“虽说你现在得了倒数第一，可是这不代表你的体育不行，因为造成这种情况的原因完全是年龄问题。我敢说，等你也长到十一二岁的时候，你就会比那些孩子跑得快。”

“是吗，爸爸，您说的是真的吗？”小塞德兹睁大了眼睛。

“当然了！因为比赛完那天我问过你们的体育老师。他告诉我说，你之所以跑了倒数第一名，完全是因为比赛对你不公平。他还告诉我，你的体育成绩在同龄孩子中是最好的。而且他还专门给我看了那些年龄与你相仿的孩子的成绩单。他们几乎在所有方面都比你差很多。”

小塞德兹顿时走出了失意的圈子。

长短线

要想在竞争中立于不败之地，就需要不断充实自己，让自己变得更强。当孩子成绩不好的时候，家长应该帮助孩子找出失败的原因，让他从中总结经验教训。

汉森是搏击高手，在一次去参加锦标赛前，他自以为胜券在握，定可以把冠军奖杯收入囊中。可是没想到，在决赛中，汉森遇到了一个与自己实力相当的选手，双方都竭尽全力出招攻击。

比赛时间已经过了一半了，汉森意识到自己竟然无法找出对方招式中的破绽，而对方却往往可以瞅准自己防守中的漏洞进行攻击。

结果，赛前胜券在握的汉森与冠军奖杯失之交臂。

汉森愤愤不平地走到自己的教练那里，一招一式地把对方和他搏击的过程再次演练给教练看，并请求教练帮他找出对方招式中的破绽。他下定决心找出对方的破绽，然后针对对方的破绽苦练出足以攻克对方的新招，以求下次比赛时洗雪耻辱。

教练没有说话，只是在地上画了一条线，要求他在不擦掉这条线的情况下，把该线缩短。

汉森迷惑了，他不相信会有这样的办法。尽管如此，他还是冥思苦想了一阵，但是最终还是转向教练请教。

教练又是没说一句话，他是在原来那条线旁边，又画了一道更长的线。结果，原先的那条线看起来就变得短多了。

这时，教练说话了："夺冠的关键，并不仅仅在于如何找出对方的弱点去进行攻击，当你变得更强时，相对而言，对方就弱了。因此，你需要苦练的是如何使自己更强。"

坚持的价值

家长应该让孩子知道急躁迫切的心理并不能获得预想的效果，有耐心的人才能获得他想要的东西。

周末的时候，丹尼斯去杰姆叔叔家做客。他早就盼着这一天了，因为杰姆叔叔的女儿珍妮表姐前几天打来电话说杰姆叔叔给他做了一个非常漂亮的风筝。一到杰姆叔叔家，丹尼斯就马上央求杰姆叔叔和珍妮表姐一起去放风筝。

刚开始的时候，丹尼斯信心十足，可是当他拽着风筝跑了好久都没有把风筝放上天空的时候，他去向珍妮表姐求援。珍妮表姐就把风筝捡起来，然后用力抛向高空，可是丹尼斯却忘了奔跑，结果风筝又掉了下来。

"噢，你真是够笨的！"丹尼斯禁不住责怪道。

"这还不是都怪你！"珍妮表姐回应道。

“孩子们，再试一次吧。”杰姆叔叔看着两个都有些生气的孩子鼓励道。

于是，珍妮再一次把风筝举起，丹尼斯也拼命地向前跑；结果，由于丹尼斯跑得太快了，珍妮还没有抛向空中呢，于是风筝又一次落地。“看看这一次该怪谁？”珍妮生气地说。

“孩子们，没关系。再试一次。”杰姆叔叔微笑着说。

于是两个人又试了一次，尽管他们这次更小心了，却仍然没有放起来，因为在珍妮放开风筝的一瞬间，突然起了风，风把风筝刮向了灌木丛，结果风筝的尾巴被缠住了。

“真是糟糕透了，”丹尼斯生气极了，他大声地对珍妮表姐嚷道，“都是因为你放偏的缘故。”

“难道风听我的话吗？我让它直着吹，它就直着吹吗！”珍妮也非常生气。杰姆叔叔看到这种情景，赶忙过去帮忙，他走到灌木丛中把风筝取出，然后把线卷起来，说道：“走吧，孩子们，我们去找一处更开阔的地方再试一次。”

很快，他们就找到了一处非常开阔的地方。一切准备好后，杰姆叔叔在丹尼斯起步跑的同时将风筝抛向空中。风筝真的升起来了。可是由于丹尼斯太兴奋了，他只顾拍手叫好而顾不得往上看，因此忘记了拉紧线，结果风筝的线一松就又慢慢地落了下来。

“丹尼斯，你不该停下的，不管怎么说，我们还是应该再试一次。”

“不，”丹尼斯闷闷不乐地说，“没用的，杰姆叔叔，风筝根本就飞不起来。”

“丹尼斯，你花了那么大力气去放飞它，难道现在你要放弃吗？这一点挫折就能把你打败吗？来吧，孩子，我已经把线卷好了，我们再试一次。”

丹尼斯听从了杰姆叔叔的话，结果他们成功了！风筝一直向上飞，直到把线全放完，丹尼斯太高兴了，他紧紧地抓着风筝线，目不转睛地盯着天上的风筝，激动地说：“快看呀！杰姆叔叔，珍妮表姐！看风筝飞得多高。如果我们还有线的话，我想风筝还会继续往上飞的。”

终于该回家了，他们把风筝慢慢地收起。“我们明天再来放风筝好吗？杰姆叔叔，我们再试一次？”丹尼斯的心情非常好。

“好啊！只要天气好就行。丹尼斯，你能告诉我从今天早晨的活动中学到了什么吗？”杰姆叔叔问道。

“噢，我学会了放风筝。”

“如果不是爸爸劝说你一再尝试的话，你早就放弃了。”珍妮表姐有些不服气。

“孩子们，我希望通过这次放风筝的事情，能够让你们懂得坚持的价值，即使是很小的事情都要坚持。任何情况下，当你未能做到你想要做的事时，当然这种事情必须是正当的事情，你就一定不要放弃，要再试一次。”

人生的铁球

在通往成功的道路上，若没有足够的耐心去等待成功，则将会用一生的耐心去面对失败。父母应当让孩子明白，成功需要耐心，需要坚持不懈地做好每一件事。

弗兰克非常喜欢踢足球。父母就把他送到足球学校学习踢足球，希望他能够在自己喜欢的领域有所成就。

足球学校里有太多擅长踢球的孩子，弗兰克在这里并不突出，他没有接受过正规训练，踢球时，无论是动作还是感觉都比不上先入校的那些队友。每当弗兰克上场训练，队友们就会对他奚落一番，嘲笑他是职业的“业余球员”。弗兰克很难过，他终于忍不住去问教练：“杰佛尔先生，我真的永远都只是业余球员吗？”

“弗兰克，听我给你讲一个故事吧。”杰佛尔教练并没有直接回答。

“原子弹之父奥本·海默要在一座大型体育馆里进行演说。

“演说那天，体育馆里座无虚席，人们在热切而焦急地等待着奥本·海默做精彩的演讲。终于，大幕徐徐拉开，人们看到舞台的正中央吊着一个巨大的铁球。为了能够吊起这个铁球，舞台上还搭起了高大的铁架。奥本·海默在人们热烈的掌声中从后台走了出来，然后站在铁架的一边。

“人们有些惊奇地望着他，不知道他会有什么样的举动。

“这时候上来两位工作人员，他们抬着一个大铁锤，放在奥本·海默面前。主持人开口说话了：‘现在请两位身体强壮的人到台上来。’于是好多年轻人跃跃欲试，一阵骚动后，已有两名动作快的跑到了舞台上。

“奥本·海默这时才开口说话，他对那两名上台的观众讲明规则，然后请他们用这个大铁锤，去敲打那个吊着的铁球，直到把它荡起来。

“其中一个年轻人迫不及待地拿起铁锤，拉开架势，抡起大锤，拼尽全力向吊着的铁球砸去，结果一声震耳的响声过后，球却纹丝不动。于是，他又用大铁锤接二连三地砸向铁球，很快就筋疲力尽、气喘吁吁了。这时候，另一个人也不示弱，他从那个筋疲力尽的人手中接过大铁锤也把铁球打得叮当作响，可是铁球始终纹丝不动。

“台下的呐喊声逐渐消失，所有的观众好像都已经认定锤击是没用的，就等着奥本·海默出来做出什么解释。会场恢复了平静，只见奥本·海默从上衣口袋里掏出一个小锤，然后认真地对着那个巨大的铁球不停地、有节奏地敲击。

“10分钟过去了，20分钟过去了，会场早已经开始骚动，观众以各种声音和动作来发泄着他们的不满。而台上的奥本·海默却仍然在一小锤一小锤地敲击着，他似乎根本就没有听见人们在喊叫什么。台下的观众开始愤然离去。

“大概在奥本·海默进行到40分钟左右的时候，突然听到坐在前面的一个人尖叫道：‘球动了！’会场顿时鸦雀无声，人们都聚精会神地看着那个铁球。只见那铁球真的开始以很小的摆度动了起来，不仔细看便很难察觉。奥本·海默也没有任何反应，而是继续一小锤一小锤地敲着。最后，球在他一锤一锤的敲打中越荡越高，并拉动着那个铁架子哐哐作响，巨大的威力使在场的每一个人都受到强烈的震撼。终于，响彻云霄的掌声在体育馆内爆发，在掌声中，奥本·海默转过身来，慢慢地把那把小锤揣进兜里。

“人们开始安静下来。奥本·海默开始了人们期待已久的精彩演说，这演说只有一句话：‘在成功的道路上，如果你没有足够的耐心去等待成功的到来，那么，你就只好用一生的耐心去面对失败。’”

杰佛尔教练接着说：“弗兰克，我只想告诉你，只要每天都努力，就会有进步。你不会永远都是业余球员。”弗兰克对教练的话深信不疑，于是更加刻苦地训练。

所有足球队员的目标就是进职业队当上主力。但是，在职业足球队来学校挑选数次后，弗兰克还是继续在学校踢球，眼看着很多球员被挑选走，他开始没有信心了，他想自己虽然场上状态不错，但是自身条件并不好——个头太矮，再加上他踢球太晚，而且由于他迫切希望被选上的心情，使得他在每次选人比赛时都非常紧张，连平时训练的水平都发挥不出来。

“看来我真的不适合踢足球！”弗兰克开始迷茫，他开始怀疑自己的选择。可是弗兰克又想起了教练讲的那个铁球的故事。于是，弗兰克更加努力练球，并且努力端正自己的心态，于是，下一次职业球队又来选人的时候，弗兰克成了他们的目标。在收到职业队的录取通知书时，弗兰克激动万分，他跑去找杰弗尔教练分享他的喜悦。

“弗兰克，祝贺你，你成功了！铁球现在开始晃动了！”杰佛尔教练激动地说，“也许你将是下一个球星！”

“谢谢您告诉我的那个铁球的故事，我将永不忘记。”弗兰克一字一句地说。

梦想和上帝的关系

谁都知道，梦想和上帝是没有什么关系的。但是当你怀着一个信念永不放弃地去实现一个梦想的时候，成功就不远了。所以，请用心对待孩子的梦想，少点打击，多些鼓励，为他建立坚持追逐梦想的信心，他终究会成功的。

他是一位匈牙利木材商的儿子，因为从小生得呆笨而被别人称为“木头”。不过这种称呼也确实不冤枉他，在 9 岁之前，他除了因遵守秩序被学校奖励了一枚玩具螺丝钉，便再也没有过什么大作为。

12 岁那年，他做了一个梦，梦到自己受到了奖励，并且是由一位国王来给他颁奖，原因是他写的字被诺贝尔看上了。醒来后，他很想把这个梦告诉别人，但是担心被人嘲笑，最后他只告诉了母亲。

母亲对他说：“如果这真是你的梦，那你就真的有出息了！我曾听说，当上帝把一个美好的梦想放在一个人心中的时候，说明上帝是真心想帮助这个人来完成他的梦想的。”

听了母亲的话，男孩子才知道原来梦想和上帝还有这层关系。他相信了母亲的话。

他认为自己就是天底下最幸运的人！世界那么大，世界上的人有那么多，可是上帝却一下子就选中了他。这不是幸运是什么？为了不辜负上帝的希望，小男孩从此就真的喜欢上了写作。

“如果我经得起考验，上帝就会来帮助我的！”这份信念让他开始了自己的写作生涯，并且日益坚定。时间一天天地过去了，上帝没有来；又过了三年，上帝还是没有来。就在他盼着上帝早些前来帮助他的时候，却不料希特勒的部队在上帝之前先来了。身为犹太人，他被送进了集中营。在集中营里，许多人失去了生命，可是他却活了下来，因为从进入集中营的第一天开始，他就发现“生存就是顺从”。

在“生存就是顺从”的经验下，他顽强地活了下来。“我又可以从事我梦想的职业了！”在走出集中营门口的时候，他这样说道。1965年，他的第一部小说——《无法选择的命运》终于问世了，1975年，他的第二部小说——《退稿》又完成。于是，一系列的作品在他的笔下完成。

这个时候，他已经不再关心上帝是否会来帮助他了，可是他却收到了一个意外的消息。瑞典皇家文学院宣布：把2002年的诺贝尔文学奖授予匈牙利作家凯尔泰斯·伊姆雷。他听说这个消息后，大吃一惊，因为凯尔泰斯·伊姆雷就是他的名字。

在颁奖典礼上，人们要让这位名不见经传的作家谈谈获奖的感受，他平静地说：“我实在没有什么感受！我只知道，当时我就喜欢做这件事，无论有多少困难，我都不在乎。因为，当你遇到困难时，上帝会抽出身来帮助你。”

其实，每个人都知道，梦想和上帝之间是没有任何关系的。但是当你坚定一个信念，永不放弃地去实现一个梦想时，成功就会向你靠近。

贫穷只因无梦想

不要一面埋怨自己贫穷，一面却安于现状。既然无法让孩子选择出身，就帮助孩子树立梦想。因为有梦想在的地方，地狱也是天堂。

迈克尔有8个兄弟姐妹，他父亲是加利福尼亚州的黑人佃户。迈克尔4岁半的时候就开始工作了，他8岁时就学会了赶骡子。这些实在是没有什么稀奇的，因为佃农的孩子大多在年幼时就必须工作，对于这种生活方式，他们认为是命运的安排，因此往往甘于贫穷。比别人幸运的是，迈克尔有一位非常了不起的母亲，她始终相信一家人应该过着快乐且衣食无忧的生活。所以，她常常把儿子抱在自己膝盖上，跟儿子谈自己的梦想。

“我的孩子，我们不应该这么穷，”她常常这么说，“贫穷不是上帝的旨意。我们之所以贫穷是因为爸爸从来不想追求富裕的生活。家里的每一个人都胸无大志。”

母亲的话深深地植根于迈克尔的心中。这成了他一生追求卓越的动力。母亲的话最终改变了他的一生。

被母亲的话所感召的迈克尔一心向往跻身富人的行列，于是在追求财富的路上，他从不懈怠。终于凭借着自己出色的推销工作有了一些积蓄。10 年后，他听说供货的那家公司即将被拍卖，底价为 15 万美元，他毫不犹豫地就去同供货的公司商谈收购接手事宜。结果他用自己的全部积蓄——2.5 万美元作为定金，并答应在一周内筹足余款 12.5 万美元。合同中还规定，如果逾期未补齐余款，定金将被没收。

迈克尔想尽一切办法，调动一切关系来筹钱，可是到了最后一晚，依然还差 1 万美元。

迈克尔觉得自己已经想尽一切办法了。时间也不早了，在一片漆黑的房间，迈克尔跪下来祈祷，请求上帝指引。

谁能在时限内借我 1 万美元呢？迈克尔反复地问自己。他把周围的人又都想了一遍，却想不出来还有谁能够帮助他。时间在一分一秒地流逝，万般无奈的迈克尔毫无放弃之意，他决定最后一搏，于是他走出房间，开车沿着第 61 街走下去，看看有没有机会。

当时是深夜 11 点半，迈克尔沿着第 61 街往下走。过了好几个路口，都是漆黑一片。他继续往前走，终于就在要走到尽头时，他看到一家承包商的办公室里还有灯光。于是迈克尔飞速下车，心中充满了欣喜，他走了进去，看到那位承包商正埋头办公，由于熬夜加班，已经疲惫不堪。迈克尔跟这个承包商有些交往，于是就鼓起勇气：“你想不想赚 1000 美元？”问话直截了当。得到的回答也直截了当：“想，当然想。”“那就借我 1 万美元，我会外加 1000 美元红利还给你。”迈克尔向那位承包商详细说明了自己的整个投资计划，并告诉他还有哪些人借钱给自己。由于迈克尔做推销时有着良好的信誉，再加上他周密切实可行的发展计划，这位承包商很爽快地把1万美元借给了迈克尔。

迈克尔成功了，他不但从接手的公司获得了可观的利润。而且又陆续收购了几家公司，其中包括化妆品公司、食品公司、服装公司及报社等。是梦想让他由贫穷走向富裕。

人不应该坐在那里等待好运的到来，而是应该身体力行，朝着现实可行的目标努力，梦想才能成真。世上贫穷的人比比皆是，他们贫穷并不是因为别的，很大程度上是因为他们没有告别贫穷、走向富有的梦想。没有梦想，怎么会着手去做呢？

呵护孩子的梦想

梦想是青春的特权，人在年轻的时候可以设立任何梦想，而没有任何负担。对孩子来说，梦想是他们成长的沃土，是激励他们的最好力量。

很多父母都不喜欢孩子在墙上贴喜欢的东西，但是，乔丹的妈妈恰恰相反。有一天，乔丹把自己对篮球的喜爱告诉了妈妈。妈妈听了很高兴，觉得儿子已经可以确立自己的目标了。于是，她用赞赏的语言鼓励乔丹。当然，妈妈对于乔丹的鼓励不仅仅是口头上的，从那天开始，妈妈就经常陪他一起看比赛，练习篮球，甚至陪他欣赏杂志上的篮球明星。为了让乔丹时刻记得自己的梦想，妈妈还把杂志上篮球明星的图片剪下来贴在墙上，以便乔丹可以随时都能看到篮球明星的飒爽英姿。

可以说，乔丹的成功与妈妈的鼓励和支持是分不开的。如果父母肯定了孩子为自己设立的理想形象，孩子就会获得更大的力量去前进。

阿姆斯特朗从小就喜欢月亮，他经常在有月光的晚上去庭院里玩耍。年幼的他经常看着月亮蹦蹦跳跳，妈妈好奇地问他："你在干什么？"他一本正经地说："我试试看能不能跳到月亮上去。"

听到这个回答，你也许会说："孩子，省些力气吧。那是不可能的。"而妈妈并没有这样做，她尊重孩子的想法，微笑着说："好的，不要回来得太晚啊！"就像阿姆斯特朗要去邻居家一样。而正是妈妈的这种鼓励最终使他成为登月的第一人。

所有有所成就的人仿佛都从小就怀揣梦想，并且都得到了父母的鼓励。著名画家本杰明·威斯特就是一个这样的例子。

本杰明·威斯特从小就对绘画感兴趣。一天，妈妈哄妹妹入睡之后就出门了。临走前，她交代威斯特要好好看家并照顾好妹妹。威斯特一个人留在家里，左看看右看看，不知道应该做些什么。忽然，他发现了几瓶墨水，而熟睡的妹妹又是现成的模特，于是他在地板上画起画来。

当然，家里被他搞得一片狼藉。

妈妈回来了，被屋里四处横飞的墨迹吓了一跳，但是她很快发现了威斯特的作品，尽管那还称不上是作品。“这是莎芮，对吗？”妈妈惊讶地问道，说着，轻轻地亲吻了威斯特。

成名后的威斯特总是告诉大家：“是妈妈的吻成就了我的今天。”

这就是鼓励的力量，不管孩子的想法是什么，不管孩子的行为如何奇特，父母只要给予鼓励，他们就能借助自己的梦想找到未来。但现实中，人们总是过于急躁，采取激烈的方法对待孩子。你可曾听说过这样的话：“就你的水平，还想考清华北大？”也许说这句话的意图在于激励孩子，殊不知，孩子的梦想就在这样的一声声质问和敲击中破灭了。

为孩子放飞梦想的翅膀

梦想最大的意义是给予人们一个希望，一个方向。梦想是装饰人生的一抹亮色。在父母看来，孩子的梦想或许不太现实，但是，有梦想就有可能。生命的意义不正是在不断去破译梦想的密码吗？给孩子一些自由，让他们对未来充满幻想，让他们充满力量，意气风发地去追求梦想。

梦想是一种奖赏，人类正是有了梦想，才创造出了一个又一个奇迹。飞机就是这样来到世界上的。

很久以前，一个父亲带着两个儿子放羊。这时，一群大雁从头顶飞过，他们不禁很羡慕，仰着头看了很久。

“大雁为什么向南方飞？”小儿子问道。

“冬天来了，天气冷了，它们要飞去温暖的南方生活。”父亲回答。

“如果我们也可以飞该多好，我们肯定比大雁飞得还要高还要快。”大儿子自言自语。

“如果我们也有翅膀该多好啊，那样我们就可以去任何想去的地方。”小儿子羡慕地说。

父亲看着两个向往飞行的儿子，说：“如果你们想飞，也可以飞起来啊！”两个儿子很兴奋，期待着父亲告诉自己怎样去飞。

“看着我，我教你们飞。”父亲说完，张开双臂做飞翔的状态。他当然飞不起来，可是他告诉两个儿子：“我年纪大了，所以飞不起来。可是你们还小啊，只要你们怀抱梦想，努力生活，一定可以飞到想去的任何地方。”

两个儿子相信了父亲的话，并且为了飞翔，一直努力地奋斗。有一天，他们终于实现了愿望，成了第一对飞向天空的人，而他们的发明也为所有渴望飞行的人实现了愿望。他们就是莱特兄弟——飞机的发明者。

梦想是人类不可缺少的东西，它是人类想象力和创造力的象征。而且，梦想只要能持久，就能成为现实。所以，梦想不应该只存在于脑海里，放飞自己的梦想，才能翱翔于天地。我们都知道孩提时代正是不受框架的束缚、思想最活跃的阶段，所以，一定要去激发孩子的潜能，给他们做梦的空间。

复明的药方

人必须要活在希望之中，而这种希望和光明是自己为自己设置的。如果心中一片黑暗，那你的生活也不会有光明。作为师长首先应给孩子幼小的心灵种植希望，因为成功的动力在于希望，有了希望才会有追求，而追求的过程就是最美的人生。

从前，有一对相依为命的盲人父子，他们每日里靠弹琴卖艺维持生计。

一天，父亲终于支撑不住病倒了。他自知将不久于人世，于是便把儿子叫到床头，紧紧拉着儿子的手，吃力地说：“孩子，我这里有个秘方，它可以使你重见光明。我已经把它藏在琴里面了，不过你一定要记住，你必须在弹断第 20 000 根琴弦的时候才能把它取出来。否则，你是不会看见光明的。”儿子流着眼泪答应了父亲，这位父亲便含笑离去。一天又一天，一年又一年，盲人儿子始终把父亲的遗嘱铭记在心，他不停地弹啊弹，他收藏的弹断的琴弦也日益增多。当他弹断第 20 000 根琴弦的时候，当年那个弱不禁风的少年已经到了垂暮之年，变成了一位饱经沧桑的老者。他按捺不住内心的喜悦，用颤抖的双手，慢慢地把琴盒打开，取出秘方，叫别人念给他听。

可是，别人却告诉他，那只不过是一张白纸而已，上面什么都没有。于是，有一滴泪水落在纸上，他笑了。

显然，盲人父亲骗了自己的盲人儿子。可是这位过去的盲人小孩如今的盲人老者，在拿着这张什么都没有的白纸时，非但没有气恼，反而淌出感动的泪水，露出幸福的笑容。这是为什么呢？因为就在他知道“秘方”内容的那一瞬间，他突然明白了父亲的用心。他觉得父亲的无字秘方是为了告诉他一个人生的真谛——只有不放弃自己，不丧失信心，始终活在希望中，才会看到光明。

生活中不少人总爱抱怨缺少或没有光明，这是因为他们自己缺少或没有希望的缘故。困境再艰难，只要不丧失信心，不放弃希望，就一定会有拨开乌云见丽日之时，而这丽日也将会伴随我们一生。

成就梦想要从小事做起

机遇青睐有准备的人，让孩子从身边的点滴小事做起，为梦想的实现打下坚实的基础。要知道，机遇一旦错过，就不得不付出百倍的努力。

一对父子一同穿越沙漠。在经历了漫长的跋涉之后，两个人都疲惫不堪，干渴难耐，每向前迈出一步都超乎想象的艰难。就在这时候，父亲突然看到黄沙中有一枚马蹄铁在阳光的照耀下闪闪发光——那是沙漠先驱者的遗留品。

父亲告诉儿子，把它捡起来吧，以后肯定会用得着。儿子不解，他用失神的眼睛，看了看前头一望无际的沙漠——能有什么用呢？儿子摇了摇头，并不去捡那个他认为毫无意义的东西。看此情景，父亲也没有再说什么，而是自己弯腰把那枚马蹄铁拾了起来，然后继续他们的艰难跋涉。

终于，在体力即将耗尽时，他们到达了一座城堡。父亲用那枚捡来的马蹄铁换了200颗酸葡萄。当他们再次跋涉在沙漠中遭遇干渴时，父亲便把用那枚捡来的马蹄铁换来的酸葡萄拿出来边走边吃，同时自己每吃一颗还会丢一颗在地上。饥渴难耐的儿子却每吃一颗都要弯一次腰去捡。捡起一枚马蹄铁只需弯一次腰，可是现在儿子却不得不弯100次腰。

不要不屑去做一件小事，做小事是成大事的基础。高楼万丈平地起，只有认真做好每一件小事，才有可能做好每一件大事。因此，每个人都应该养成“现在就去做”的习惯，不管事大事小，都要努力做好。

面对一件小事，要告诉自己“现在就去做”，因为这种做事的方式可以影响你生活中的每一部分，人的一生不可能只做自己喜欢做的事情，在遇到不喜欢做却又不得不做的事情时，在遭遇令人厌烦却又不得不承担的职责时，“从小事做起”“现在就去做”会教给你不推脱、不延误。别错过这一刹那，否则你很可能永远不会再碰到它。梦想的实现也将无从说起。

纪昌学箭

若想有所成就，必须心怀理想，然后再为之拼搏，走好每一步，打好坚实的基础。

飞卫是古代一位著名的射手，当时许多人都慕名而来，希望能够拜他为师。

纪昌就是这众多求教者中的一个，也是其中最有才华、最有理想的一个。

飞卫觉得这个年轻人很有潜力，于是便收他为徒。但是，飞卫并没有直接教纪昌射箭技巧，而是给他留下一个要求，他说：“你的任务就是盯紧一个目标，目不转睛地盯住它，直到可以保持一炷香的时间，否则就不要来找我。”

纪昌很尊敬老师，尽管他不明白老师为什么会提出这个要求，但他还是照做了。从此，他冬练三九，夏练三伏，夜以继日，直到练到即使锥子向他眼角刺来，他也不眨一下眼睛时，他再次去向飞卫请教。

飞卫依然没有教他射箭技巧，而是继续让纪昌练习眼力。他留下一个更难达到的要求，他说：“等你可以把蚂蚁看到像拇指那样大的时候，再来吧！”换句话说，他要求纪昌能达到放大物体体积的程度。

纪昌没有多说什么，继续回家苦练，三年过去了，他终于可以将蚂蚁看成手掌那么大了。于是他再次拜访了飞卫。飞卫没有再提要求，而是告诉他说：“年轻人，试一下吧，你会发现你的箭术已经学成了……”

纪昌听完，拉开弓，轻而易举地射中了目标。飞卫看到这种情况，非常高兴，又教了他一些射箭技巧。纪昌终于实现了理想，成了一名神射手。

二十五年前的梦想

是的，孩子总会有一些美好的梦想，这些梦想虽然听起来有些夸张，但是父母还是要鼓励孩子去为了梦想而拼搏，只有付出了辛勤的汗水，梦想才会开花结果。

有一位工作多年的老教师，他的办公室里有成堆的文件。有一天，他找资料的时候，在角落里发现了一叠堆放整齐的作业纸。仔细一看，这是他曾给同学们布置的一篇作文，题目是《我的梦想》。

老教师推算了一下，这应该是二十几年前的作业了。“不知道大家是否还记得自己的梦想？”老教师这样想着，一份一份地看了起来。

玛莉说：“未来的我是一名钢琴家，因为我在钢琴比赛中获得了一等奖。”汉森写道：“未来的我是一名飞行员，因为我可以说出十几种飞机的类型……”老师忽然有一种充实感，教过的孩子已经不计其数了，或许他们之中已经有不少钢琴家或者飞行员了吧。

老教师忽然看到一份与众不同的作业，这是一个双目失明的孩子戴维写的：“我坚信我将是英国的内阁大臣，因为纵观整个英国内阁，还没有出现过盲人。”老师很惊讶，为这个盲人孩子的气魄。

他继续看下去，有的学生想做海军，有的想做医生，有的想做导游，有的只是想做一个贵妇人……他被同学们的这些或者伟大或者平凡的梦想所感动，突然萌生了一个想法：“何不去寻找一下这些同学，看看他们之中有谁实现了最初的梦想。”

老教师在报纸上刊登了一则寻人启事，希望当时的学生可以和自己联系。几天后，老师开始陆续收到一些书信，同学们都表示希望重温一下当时的梦想，并向老师致以深深的敬意和谢意。

老教师收到他们的信很安慰，尽管大多数人都偏离了最初的梦想，但是他相信他们都生活得很精彩。老教师把同学们的作文一一寄回，最后发现，只剩下戴维的作文了。他决定再等等。

时间一天一天地过去，戴维一直都没有消息。老教师想："或者他没有看到我刊登的启示吧，毕竟他是个盲人，生活中会有诸多不便。"他决定把这篇文章送给一家私人珍藏馆，就在这个时候，他收到一封特殊的信。这封信是内阁教育大臣布伦克特寄来的。信中说："我是您的学生戴维。十分感谢您还保留着我们当初的梦想，不过对我而言，那个本子已经不重要了。因为我一直执著于我的梦想，从未停下过追求的脚步。这么多年过去了，我的梦想早已实现，在这里，我想跟我曾经的同学说，把你们儿时的梦想放在心里，总有一天会实现的。"

布伦克特的成功证明：如果你始终抱紧自己的梦想，十年，二十年，总有一天它会实现。他的这封信后来被发表在《太阳报》上，作为一个典范教育着更多的人。

最初的梦想绝对会实现。我们最需要的就是坚持、坚守。父母都应该明白，对于孩子五彩斑斓的梦想，不要否定更不要嘲笑，珍惜他们、保护他们，帮助孩子树立坚持的信念，鼓励他们持之以恒地朝着梦想去奋斗。相信拥有梦想的人一定势不可挡。

梦想激发自信

梦想或许是世界上最美好的东西，而孩子的梦想则是最五彩缤纷的。他们的脑海里总是有着出人意料的小想法，对于现在、对于未来，他们自信满满。当然，他们并不了解要实现梦想需要付出怎样的代价，在大人看来，孩子的梦想也许显得有些荒唐。但是，父母必须珍惜孩子的梦想，因为梦想可以激发出孩子的自信心。

比尔已经上小学了。在一次作文课上，老师希望大家都来讲一下自己的梦想。孩子们的想法千奇百怪，他们都很兴奋，争先叙述着，仿佛梦想已经达成。终于轮到比尔发言了，他大声说道："我想做第二个莎士比亚。"

回家后，比尔将今天发生的事情讲给妈妈听。当说到自己的梦想时，比尔更是滔滔不绝。他的眼睛流露出了无限的憧憬和幸福。妈妈听着比尔的描述，心里也很高兴，她第一次觉得孩子长大了，已经有自己的想法和追求了。

可是，比尔也有遭受打击的时候，一次英语考试，比尔得了一个D回来。他失落极了，不想让妈妈看到他这样的成绩。妈妈看出比尔的失落，所以并没有责怪他。

那次考试过后，比尔就对自己失去了信心，也不再像以前一样谈论自己的梦想了。于是，妈妈帮比尔买来好多课外书，并且给他讲了自己小时候的故事。妈妈说："我小时也像你一样有远大的理想，但是，并不是这样就够了。我们确定了理想，还要为自己的理想而奋斗。你相信自己吗？"比尔点了点头。从这一天开始，妈妈每天都会和比尔一起阅读课外书籍，积累知识。在他们的努力之下，比尔的第二次英语考试终于取得了好成绩。比尔也从此信心倍增。

其实，妈妈并不是真的想把比尔培养成第二个莎士比亚，在她心中重要的是让孩子从追求梦想的过程中获得更多的东西，比如自信，比如坚持……有了梦想才会有目标，有了目标才有努力的力量。也许有一天，孩子的梦想并没有实现，但是他所得到的会远远多于原来的梦想。

每个人都需要得到外界的肯定，孩子更是如此，他们天生就对父母有所依赖。所以，对于孩子的梦想，就算父母觉得可笑，不切实际，也不应该否定它。不要吝啬自己的表扬，要知道孩子是最需要鼓励的，如果他得到了肯定就会更积极地去做事，也会更有自信。